100

TESTES DA

CONSCIENCIOMETRIA

WALDO VIEIRA, MÉDICO

100

TESTES DA

CONSCIENCIOMETRIA

2ª Edição

Foz do Iguaçu
2022

Histórico Editorial	1ª Edição – 1997 – 2.000 exemplares
	2ª Edição – 2022 – PoD

O texto desta obra foi mantido conforme a 1ª edição. As revisões gramaticais, gráficas pré e pós-textuais, capa e diagramação foram realizadas, exclusivamente, por voluntários da Conscienciologia.

Revisor gráfico: Ana Claudia Prado.
Revisor: Alexander Steiner.
Capa: Daniel Ronque e Luciano Melo.
Diagramação: Daniel Ronque.

Dados Internacionais de Catalogação na Publicação (CIP)

V658c Vieira, Waldo, 1932–2015
100 testes da conscienciometria / Waldo Vieira. – 2. ed. – Foz do Iguaçu, PR: Editares, 2022.

236 p. ; il.
Livro disponível para publicação no sistema PoD (Print on Demand)

Inclui Bibliografia
Inclui Índice remissivo

ISBN 978-65-86544-82-4

1. Conscienciologia. 2. Conscienciometria. I. Título

CDU 130.122

Beatriz Helena P. de Cestari – CRB-10/1708

ASSOCIAÇÃO INTERNACIONAL EDITARES
Av. Felipe Wandscheer, nº 6.200, sala 100D; Cognópolis
Foz do Iguaçu, PR – Brasil – CEP: 85856-850
Tel.: +55 45 9 8843-8668
E-mail: editares@editares.org – *Website:* www.editares.org

SUMÁRIO

INTRODUÇÃO

Este volume foi composto por "100 Testes da Conscienciometria" selecionados, atualizados e adaptados livremente dos 300 inseridos no livro "700 Experimentos da Conscienciologia".

O texto, mais simples, permite melhor acesso a todos os jovens, moças e rapazes das novas gerações de inversores existenciais (Grinvexes) e aos participantes, homens e mulheres dos grupos de reciclantes existenciais (Grecexes), que estejam iniciando pesquisas de ponta da Conscienciologia, conscienciometria e investigações parapsíquicas da multidimensionalidade lúcida da projeciologia (IIPC e CEAEC).

A partir das análises objetivas-subjetivas e sempre rudimentares dos *impulsos* do soma, chegamos ao emprego subjetivo-objetivo e muito mais complexo do *discernimento* do mentalsoma em nossa vida cotidiana, diuturna, intra e extrafísica. Aí está a finalidade didática dos testes conscienciométricos aqui apresentados.

Tenha bom proveito.

O Autor

1. TESTE DA SUA CONSCIÊNCIA HEURÍSTICA

Eis 14 pontos para reflexão do cientista-experimentador, fundamentados no conscienciograma ou na avaliação evolutiva da conscin quanto à sua heurística, a ciência da invenção:

1. Lastimavelmente, é mais comum ao cientista não conservar a sua atitude científica quando sai da sua especialidade. Fé não é Ciência.

2. A Ciência convencional, mecanicista, existe fora do universo consciencial integrado, e é uma *ciência periconsciencial* ou a *dermatologia da consciência.*

3. A Ciência convencional com o paradigma fisicalista, em decadência, vê a Vida e o Universo de modo absurdo e irracional, como um mecanismo destituído de consciência. Há cientistas com a mentalidade anticientífica da *Ciência sem consciência.*

4. A rigor, as *mentiras voluntárias* (mentiras *brancas)* são inevitáveis na vida das ambigüidades humanas e manifestam-se entre a autocorrupção e a cosmoética, até para o cientista mais festejado internacionalmente. Urge ver o nível de concessão.

5. O *dogma científico,* uma aberração ou teratologia do cientista, e o *preconceito contra a ciência,* uma fobia própria do leigo, se eqüivalem.

6. *A imagística pode ser vulgar, artística, filosófica, ou científica.* Por exemplo, o trato com a imagística predispõe o *artista* à vivência de irracionalidades.

7. Todo cientista, em qualquer área da Ciência convencional, enfrenta 4 impasses, que exigem decisões prioritárias perante a sua auto-evolução lúcida:

Ser/saber.

Mente/matéria.

Essência/pele.

Ego/universo.

8. Cada cientista tem sua lealdade seja ao egocentrismo, ao Estado, à Humanidade ou à Socin; muito raramente, à Para-humanidade ou à Sociex.

9. A meta existencial, neste Planeta, mais difícil de ser empregada correta, produtiva e multidimensionalmente, é a científica. Contudo, pode ser a que produz mais quanto à evolução das consciências ou em relação ao saldo positivo da conta corrente policármica (policarma) das conscins e dos grupos evolutivos entrosados.

10. A *gula intelectual,* ou a motivação para *fazer ciência,* podem ser sadias em todos os períodos da vida da personalidade intelectual ou humana (conscin).

11. O cientista pode não ter objetivo ou ter um objetivo escolhido, assumido ou buscado, independentemente da qualidade desse objetivo.

12. O agrupamento do conhecimento pessoal, realidades, influências socioculturais e sua Ciência, cria as opiniões do cientista ou do *Homo tecnicus.*

13. Até o cientista mais eminente pode ser um *cultor da anti-razão.*

14. Há muitos tecnicistas com a mentalidade antitécnica da *tecnologia sem consciência*, que também floresce e viceja em muitos campos de pesquisa tecnológica. A *arrogância cientificista* impele a conscin à parapsicose *pós*-dessomática e à melex.

Questão:

Você é capaz de suportar a avaliação evolutiva,
fria, de você mesmo?

Uma conscin cientista, homem ou mulher,
pode incorrer em surtos de imaturidade
tal qual uma conscin débil mental.

2. *TESTE DA SUA CIENTIFICIDADE OU ESPÍRITO CIENTÍFICO*

No esforço auto-evolutivo destacam-se 2 tipos fundamentais de temperamentos humanos, bem diferentes entre si, e que merecem análise acurada: o artístico e o científico.

Ambos podem produzir tanto o completismo quanto o suicídio.

Eis 4 características ou traços do *temperamento artístico:*

1. Ações a partir do corpo emocional; submissão maior ao *subcérebro abdominal* e miniassédios interconscienciais, eventuais, inconscientes; abuso excessivo do soma com repetições de vivências (automimeses); e holochacra mais descompensado.

2. Experiências conscienciais sem prioridades substanciais; autodesorganização; queda para as modas efêmeras; generalismo caótico; consciência autocrítica problemática; impulsividade e precipitação nas decisões; dificuldade para se submeter às lideranças naturais e trabalhar em equipe; menor domínio das bioenergias sadias; e falta do continuísmo consciencial.

3. Vida humana sem raízes sólidas; superficialidade consciencial; predomínio do autodesapego negativo; contracultura popular; experiências sem arquivos pessoais; e maior vocação ao *turismo existencial.*

4. Personalidade menos confiável, sem domicílio fixo; vida sem companhias estáveis; tendência à mobilização corruptora de consciências; e extrema entropia com freqüente promiscuidade na atmosfera existencial.

Eis 4 características ou traços do *temperamento científico:*

1. Ações a partir do mentalsoma; tendências ao uso do *cérebro natural* (encefálico) com resistência maior aos miniassédios eventuais, inconscientes; emprego inevitável, sem excessos, do soma; e holochacra menos descompensado.

2. Experiências da consciência com prioridades substanciais; auto-organização; especialidade ponderada; maior autodefesa às modas efêmeras; consciência autocrítica aguda; reflexão e prioridade nas decisões; facilidade para se submeter às lideranças naturais ou para trabalhar em equipe; maior domínio das bioenergias patológicas; e autolucidez quanto ao continuísmo consciencial.

3. Vida humana com raízes sólidas; profundidade consciencial; predomínio do auto-apego positivo; cultura científica; manutenção de biblioteca pessoal; e menor vocação ao *turismo existencial.* Há donos de *biblioteca* analfabetos *(eunucos mentaissomáticos).*

4. Personalidade mais confiável, com domicílio fixo; vida com um grupo de companhias estáveis; tendência à racionalidade da cosmoética na conduta; e entropia mínima possível na atmosfera existencial.

O julgamento dos pares consagra o cientista.

A ratificação do público consagra o artista.

Quanto à evolução imediata da consciência, o temperamento científico menos comum, ultrapassa, em excelência, os traços do temperamento artístico comum.

Questão:

Qual das 2 séries de tendências predomina em seu temperamento: a artística ou a científica?

O discernimento não nasce do soma nem do psicossoma, nasce do mentalsoma.

3. TESTE DA CENTRAGEM DA SUA CONSCIÊNCIA

1. *A projeciologia constitui uma especialidade prática da Conscienciologia.* Defender e viver pelo aperfeiçoamento ou a evolução da consciência (Latim: *conscientia*, com conhecimento) pode ser a megameta, fundamental, e mais inteligente.

2. O percentual maior do tempo da vida intrafísica *(lifetime),* por direito e lógica, naturalmente, é da sua consciência na condição evolutiva multidimensional.

3. Na falta de prioridades inteligentes, a conscin pode viver escravizada às molduras ou banalidades da vida humana. Ocorre, então, uma descentragem da consciência.

4. Quem se desloca do *centro nuclear* da consciência, vive desnorteado na periferia das *molduras do quadro* humano. Esquecendo o essencial, vive desperdiçando energia, tempo, espaços conscienciais e oportunidades com os acessórios que deveria manter, minimizados, no acostamento da sua estrada evolutiva.

5. Dentre as molduras inevitáveis que precisamos para viver na Terra, somos obrigados a destacar 4: o soma, a moradia (casa, apartamento, fazenda), a locomoção (condução ou transporte), e a subsistência humana (economicidade).

6. Será importante ver em sua vida material, experimentador ou experimentadora, o percentual de atuação de cada uma dessas 4 molduras – e outras que lhe sejam personalíssimas – e medir o que sobra para o interesse prioritário que deve vir em primeiro lugar, insubstituível, ou seja: a sua consciência.

7. Quem aplicar 60% do seu tempo na plástica humana, na musculatura ou massa muscular, e no sexo, vive escravo, intrafisicamente, *dentro do corpo humano,* tendo dificuldade para viver projetado nas dimensões conscienciais extrafísicas.

8. Conforme a cultura e o ambiente, as molduras secundárias escravizam muito mais. Em certas cidades da Califórnia e Flórida, E.U.A., vive-se com fartura, porém escravizado à locomoção. Ali, perde-se elevado percentual da existência intrafísica indo de um lado para outro,

como rotina diária, porque há distâncias enormes entre os centros de interesse. Nesse caso, o percentual das pessoas obesas, na população, aumenta, pois vivem *dentro do carro.*

9. Até quem vive em um *trailer* auto-suficiente, pode perder tempo na manutenção, *dentro da casa ambulante.* A conscin, aqui, resolve um problema criando outro.

10. No Pólo Norte, o esquimó poderá ser um *deficiente físico ambiental* se perder muito tempo emparedado *dentro do iglu.*

11. Quem se escraviza ao trabalho de subsistência, vive pelo dinheiro, *dentro do escritório (workaholics).* O *Homem* é o "inventor" do dinheiro.

12. Será sempre oportuno analisar a sua escravidão aos hábitos, rotinas e condicionamentos.

Questão:

Os percentuais de tempo que você dedica, especificamente, ao soma, à casa, à condução e à subsistência são razoáveis?

***A pessoa escrava do delírio consumista, vive praticamente dentro do supermercado ou do* shopping center.**

4. TESTE DO REFINAMENTO DAS SUAS PESQUISAS

Ao se constituir em uma conscienciólogа ou conscienciólogo praticante, vale você ponderar sobre 12 fatores catalisadores de seus desempenhos da Conscienciologia:

1. Aceitar a complexidade da consciência integrada como fato não decodificado, ainda, para a qual não dispomos de um código interpretativo e prático a fim *de não* reduzi-la, miopemente, em suas expressões. Uma tentativa inicial para suprir essa lacuna é o *conscienciograma.*

2. Combater a doença técnica crônica da falta de curiosidade intelectual quanto à holossomática, à projetabilidade lúcida e à multidimensionalidade, geradora do *especialismo hemiplégico,* fechado em torno dos valores de seu círculo ou grupúsculo social.

3. Não confundir os *estados conscienciais* rotineiros ou oniróides, da vigília física, nem buscar transformá-los, à força, em vivências extrafísicas lúcidas.

4. Evitar o mau hábito de *ensinar truques* meramente psicológicos e triviais, que *fazem média com o povão,* ao invés de ensinar a sabedoria haurida pelos experimentos extrafísicos, multidimensionais, lúcidos, diretos e reverificados.

5. Reconhecer seus *limites* e suas impossibilidades a fim de ampliar o refinamento, a profundidade e a abrangência interdisciplinar de suas pesquisas.

6. Conscientizar-se de que nos *condicionamentos culturais* das conscins, a Biologia, a Antropologia, a Sociologia, a Psicologia, a Parapsicologia e outras ciências, existem subordinadas aos dados e saberes do tempo e lugar atuais (Mesologia, Contemporaneidade).

7. Não menosprezar os seus instrumentos de pensamento e artefatos do saber, nem *tirar o pé da teoria,* mas priorizar todo empenho para pensar a prática da projetabilidade lúcida, pessoal, primeiro, e da projetabilidade lúcida grupal, depois disso.

8. Não se deixar assaltar nem se sentir atropelado(a), em suas observações multidimensionais, pelos efeitos das pressões *materialonas* de

qualquer *corrente política perversa* da Socin, infelizmente ainda patológica. A vivência na liderança de pessoas predispõe o *político profissional* à manipulação das consciências intrafísicas.

9. Não perder de vista a realidade pura dos diversos estados conscienciais e das condições íntimas e variadas da consciência nesses estados.

10. Não deixar de assinalar sempre a singularidade de cada consciência em seu nível auto-evolutivo específico, para quem, e a respeito de quem, as interpretações pessoais raramente podem ser generalizadas.

11. Observar, comparar, reunir e integrar o que interessa de suas experiências e das experiências alheias, em uma síntese pessoal prática.

12. Combater a intrusão e a proliferação de qualquer vírus no corpo de conhecimentos da Conscienciologia que possa vir a implantar, em você, os *sintomas do consciencólogo superficial.*

Questão:

Em quais destes itens de refinamento de pesquisas você encontra dificuldades de desempenho?

Segundo a evolução consciencial, todo *consenso,* ***igual à teoria, tem de durar pouco.***

5. TESTE DA QUALIDADE DOS SEUS ESTUDOS

Eis 15 *perguntas* para você, experimentador ou experimentadora, testar o nível de qualidade de seus estudos e pesquisas avançadas quanto à Conscienciologia e projeciologia, dentro de uma ordem natural na sucessão dos procedimentos técnicos:

1. Posso dizer de manhã como vou aplicar o meu dia?

2. Eu sempre checo as condições de minhas energias conscienciais, antes de começar a estudar? (Autoconscientização energética).

3. Eu estudo habitual e coerentemente, todos os dias, no mesmo lugar? (Coerência mentalsomática).

4. Faço habitualmente mapas, esboços, sinopses ou diagramas para representar pontos essenciais de minha leitura? (Metodologia da mentalsomática).

5. Quando encontro uma palavra que não conheço, costumo realmente consultar, sem preguiça, o dicionário? (Auto-incorruptibilidade intelectual).

6. Costumo passar por cima de um capítulo antes de o ler cuidadosamente? O cientista prefere os livros novíssimos; o literato, os livros antiqüíssimos.

7. Costumo ler de relance um capítulo, olhando os títulos dos parágrafos, antes de o ler com cuidado? (Afinização holochacral e mentalsomática com o texto).

8. Costumo ler o sumário no fim de um capítulo antes de o ler? (Aperitivo intelectual). Leitura é ginástica mentalsomática.

9. Reúno os apontamentos sobre um assunto no mesmo todo ou arquivo? (Espírito arquivístico – arquivologia – ou de concentração intelectual).

10. Costumo tomar os meus apontamentos em forma de rascunho?

11. Costumo fazer apontamentos em forma de rascunho também quando leio? (Leitura madura). Vale sempre o esforço das *anotações anticorruptoras.*

12. Costumo tentar resumir o que leio em sentenças e parágrafos curtos? (Senso intelectual de síntese). A *Ciência* é vivência lúcida, racional. A *Arte* é reflexo instintivo em geral subcerebral.

13. Depois de ler um capítulo e de fazer apontamentos sobre o mesmo, costumo escrever à mão, máquina ou digitar em arquivo específico no computador, um sumário desse capítulo como um todo? *(Espírito projeciográfico).*

14. Costumo, ao modo de um bom hábito, analisar, sem preguiça, o meu trabalho intelectual para descobrir onde ele pode ainda estar fraco de acordo com tudo o que estudei e aprendi? *(Reperspectivação intelectual).*

15. Tento conscientemente empregar os elementos que aprendo, nos cursos que concluo, para ajudar-me em meu trabalho e em todas as outras atividades de minha vida intrafísica? *(Espírito intelectual teático).*

Uma conclusão realista, sem apelações, se impõe aqui: se a sua resposta for *não* a *uma só* destas perguntas, você ainda não pode se considerar bom estudante, completo, de alto nível de discernimento, da Conscienciologia e projeciologia.

Questão:

Todas as suas respostas foram
de discernimento ou não?

Autodidatismo é trazer dia após dia
a** holomemória **à memória cerebral.

6. TESTE DOS BONS HÁBITOS DO CONSCIENCIÓLOGO

Eis 20 perguntas quanto às qualificações, ou os bons hábitos pessoais, que se podem esperar, com lógica, da consciencióloga ou do conscienciólogo veterano:

1. Mantenho arquivo especializado de recortes, comunicações pessoais, xerocópias, caderno de notas, disquetes, *E-Mails, CD-ROMs,* faxes, livros de campo e guias práticos?

2. Produzo acoplamentos áuricos e assimilações simpáticas (assins) em favor de outras pessoas, ao modo de ferramentas de trabalho útil?

3. Vivencio a escolaridade de, pelo menos, 1 curso superior, com *autodidatismo multidisciplinar* para o resto de minha vida intrafísica *(lifetime)?*

4. Componho fichamentos bibliográficos por toda a minha vida?

5. Libero sempre energias conscienciais autodefensivas e pacificadoras com desencadeamento do meu estado vibracional?

6. Faço listagem e coleciono endereços, questionários, tabelas, relatos enriquecedores, biografias selecionadas, relatórios e datas?

7. Domino com fluência, no dia-a-dia, 3 idiomas práticos?

8. Exerço, onde e quando possível, de modo constante, a auto-incorruptibilidade cosmoética lúcida, intra e extrafisicamente?

9. Participo de debates verbais e por escrito, mesas redondas, *brainstormings* e seções de debates das publicações idôneas?

10. Já experimentei minha didática lecionando ou ministrando 1 curso, mesmo elementar, de projeciologia, conscienciometria ou Conscienciologia, teórico e prático?

11. Tenho o hábito de listar, com lógica, minhas matérias técnicas de pesquisa e observação?

12. Mantenho minha biblioteca de obras selecionadas em crescimento?

13. Organizo tecnicamente minhas idéias escritas de vanguarda?

14. Alcanço a condição ciberneticista do digitador *(micreiro)* disciplinado, produtivo e eficiente no uso útil dos microcomputadores *(laptops, notebooks, Internet)?*

15. Exercito permanentemente, com polivalência, o espírito de equipe e o senso comunitário nas atividades libertárias das conscins e consciexes?

16. Produzo, mesmo eventualmente, projeções conscientes?

17. Mantenho, sem sacrifício, automotivação e interesse crítico crescente pelas verdades relativas de ponta da Conscienciologia?

18. Já publiquei pelo menos 3 artigos técnicos que hajam recebido heterocrítica isenta, de personalidades eruditas ou especialistas competentes?

19. Anoto sempre, disciplinadamente, idéias e observações originais?

20. Conheço de modo universalista, no mínimo 3 países, além do espírito turístico, de passatempo, *hobby* descuidado ou do *gado turístico medíocre?*

Questão:

Quais destes hábitos você já incorporou,
sem dificuldade, à sua vida humana?

*Discernimento **é pesquisar***
o formigueiro sem se sentar nele.

7. TESTE DA SUA CONSCIÊNCIA VERBAL

Eis 25 procedimentos técnicos dentro da teoria e da prática (teática) da expressão verbal, *laringochacral* ou conscienciológica:

1. Estar mentalmente organizado para sintetizar, em poucas linhas, o seu assunto em um sumário, ou *abstract,* inicial ou final, em suas exposições.

2. Aprimorar a sua apresentação visual e intelectual em geral.

3. Evitar o excesso de citações, exemplos e casos alheios.

4. Falar de improviso quando for preciso e onde seja útil.

5. Ativar o relacionamento pela comunicação interconsciencial.

6. Dirigir reuniões, *brainstormings* e debates públicos se necessário.

7. Aperfeiçoar as nuanças personalíssimas da sua dicção.

8. Refinar e potencializar os *ganchos* e os suportes didáticos aceitáveis.

9. Participar ativamente de reuniões e entrevistas, questionando.

10. Relaxar a sua condição íntima, predispondo o seu parapsiquismo, a fim de usufruir da *monitoria extrafísica* que você recebe (epicentrismo consciencial).

11. Pronunciar o seu português, ou o idioma que esteja empregando, com razoável correção, sem erros de concordância, regência e outros equívocos (fonemas).

12. Burilar cada detalhe da emissão da sua voz firme e forte.

13. Tirar o máximo proveito das bioenergias do frontochacra ou de cada um dos seus olhares, em todos os seus *contatos visuais* interconscienciais.

14. Melhorar a sua gesticulação e todo o seu comportamento corporal.

15. Manter abertos os canais energéticos do laringochacra no sentido de manter o pique elevado e a empatia da sua comunicação em qualquer lugar.

16. Empregar os 2 palmochacras para rastrear o *holopensene ambiental*, higienizar e *para-higienizar* a cubagem de sons da sua voz no ambiente.

17. Planificar, com antecipação, minuciosamente, sem nenhuma preguiça mental ou estafa intelectual, as suas palestras e atividades mentaissomáticas, públicas e agendadas.

18. Ordenar a sua exposição verbal em seqüências lógicas ideais.

19. Preparar-se especificamente para cada modalidade de *mídia* que você vai enfrentar.

20. Eliminar o *branco mental* nas comunicações interconscienciais ("O que é que estava falando?").

21. Corrigir a sua postura energética ao expor os seus pensamentos a partir de um *local de poder*, controlando todas as intervenções dos assistentes ou participantes.

22. Combater a inibição infantil para falar em público (estresse doentio, primário).

23. Tirar partido de todo incidente inesperado dentro do ambiente e na atmosfera criada por sua exposição oral, energética e gestual (pensenidade rápida, taquipsiquismo).

24. Enriquecer o seu vocabulário coloquial ou o *dicionário cerebral* (biomemória).

25. Segurar o ponteiro da sua exposição, o tempo todo, através da sua voz.

Questão:

Você tem estresses *positivos,* ou negativos,
ao encarar o público ouvinte?

O** desempenho* ***sadio da conscin é fruto
da reinteração contínua de verbações.

8. TESTE DA SUA CONSCIÊNCIA GRÁFICA

Eis 20 argumentos úteis para quem escreve sobre Conscienciologia e deseja burilar a sua consciência gráfica em novo holochacra e em novo soma em sua vida intrafísica hoje:

1. O cientista não é escritor nem literato. Seu universo é a Ciência.

2. O artigo científico jamais é uma telenovela ou uma crônica literária.

3. Ao escrever, não confie na memória: anote os seus informes, notas e achados científicos. O *dicionário,* a enciclopédia e o *vade-mécum* devem ser nossos amigos para sempre.

4. Para descrever um fenômeno, o pesquisador precisa conhecê-lo bem. Evite tão-só perguntar, prefira, antes de tudo, *responder* sempre que puder.

5. Uma consciência se define por energias conscienciais, palavras, gestos e ações pessoais. Observe as minúcias da sua pensenidade em crescimento.

6. *A forma jamais pode prejudicar o conteúdo do informe científico* (confor).

7. Não obstante vivermos em um mundo de mais de 10 mil *línguas ágrafas,* sempre temos 1 única palavra escrita para exprimir com exatidão o que queremos.

8. Em geral há 1 só palavra para *definir* 1 coisa ou 1 situação.

9. A palavra certa não deve ser substituída por outra, menos adequada, em benefício da elegância estilística de um comunicado científico. A *moldura* não é a tela.

10. As palavras mais simples devem ser preferidas às empoladas, em todo tipo de comunicação interconsciencial, porém sem medo da *erudição técnica* (terminologia científica, polimatia).

11. Sempre que possível, cada frase do conscienciólogo deve conter 1 só idéia; e cada parágrafo, 1 raciocínio completo. A *lógica* exige limpidez de idéias o tempo todo, sem qualquer exceção.

12. As frases curtas são muito mais eficazes do que as longas.

13. A opinião sustentada em fatos é muito mais forte do que a opinião meramente adjetivada. A *Ciência* está baseada em fatos e acumulação de achados *(findings).*

14. A maioria dos fenômenos não tem hora marcada para ocorrer. Evitemos brigar com os fatos.

15. Evite dar *in*formação pela metade, ou seja, a *subin*formação que, às vezes, é mera *desin*formação. Subinformar é um ato anticosmoético.

16. A *anti-in*formação – ou a antinotícia – explica sempre *o que não aconteceu.* Freqüentemente é um efeito da parapatologia da imaginação exacerbada.

17. Evite deixar-se envolver pela emoção no desempenho do trabalho de esclarecimento (tares) das consciências. A *tacon* é bem diferente da tares ao modo de um estágio primário.

18. Em média, na multidão, concentram-se 4 pessoas por metro m^2, e o mínimo de pensamentos de alto nível *em cada pessoa.* Afora as consciexes na média de 9 por 1 conscin (1997).

19. A pesquisa científica começa *sempre* e termina *sempre* na biblioteca ou holoteca.

20. O aqui-e-agora da comunicação em massa oferece só *fast food* consciencial. Toda *multidão* tende a se nivelar por baixo.

Questão:

Pelo discernimento e a cosmoética, terei vergonha do texto, que acabei de redigir, daqui a 1 década?

Toda atenção concentrada ainda é sempre pouca no desenvolvimento de qualquer pesquisa científica.

9. TESTE DAS SUAS REPROVAÇÕES INTERCONSCIENCIAIS

Tomar atitudes de reprovação sadia exige sempre muita habilidade. Há reprovações inevitáveis em função do grupocarma.

Estas atitudes precisam ser bem-articuladas a fim de não haver excesso até o ponto da absorção das energias conscienciais intrusivas e inconvenientes dos outros (assins inconscientes).

Há reprovações de todas as naturezas e qualificações.

Podemos estabelecer o acoplamento áurico com as pessoas e, ao mesmo tempo, evitar as assimilações energéticas doentias. Tudo é uma questão de técnica conscienciológica e desempenho pessoal.

Na pesquisa dos seus sentimentos, você pode avaliar-se, com bastante autocrítica, se mais recentemente – no último mês, por exemplo – você tomou alguma atitude de reprovação igual a estas 11 posturas bem características do *Homo hostilis:*

1. Fulminar com *anátema:* rogar praga *com todas as palavras;* excomungar uma pessoa; fazer figa a alguém; esconjurar; ameaçar com *energia consciencial hipnótica.*

2. Repelir com *desrespeito:* dar a alguém com a *porta no nariz;* violar o direito de pensar do semelhante; pôr apelido pejorativo em outrem.

3. Objetar com *arrogância:* ter um acolhimento glacial; pregar sermão proselitista; ameaçar alguém através de catequese doutrinária; exprobar.

4. Invectivar com *hipercriticismo:* prorromper em assuadas contra alguém; levantar um protesto formal contra a pessoa; *vomitar brasas;* tripudiar.

5. Censurar com *hipocrisia:* aplicar a filosofia do "morde-e-assopra" quando doentio, dando o riso escarninho de início e o conselho cândido depois; condenar o ato com veemência, mas rematar, "ainda há tempo" e "nem tudo está perdido".

6. Depreciar com *acusação:* lembrar a alguém o cumprimento do dever; cobrar a obrigação descurada; fazer uma repreensão solene; atribuir culpa.

7. Imprecar com *injúria:* fazer acusações ofensivas à pessoa; mostrar gestos de deboche ou obscenos; mandar alguém às favas; indignar-se ao extremo.

8. Condenar com *a cara de poucos amigos:* fechar carranca; fazer caretas; dar um olhar de esguelha; virar o rosto para outro lado; sorrir com ironia escancarada.

9. Abominar com *negligência:* passar por cima da pessoa; deitar alguém para um canto; voltar as costas ao semelhante com desdém.

10. Recriminar com *desprezo:* sacudir os ombros; torcer o nariz para alguém; ter a pessoa em pouca ou nenhuma conta; dar uma gargalhada sarcástica.

11. Execrar com *vandalismo:* atirar ovos podres sobre alguém; fazer o *enterro público* da pessoa ainda viva; *trovejar* contra os tímpanos da pessoa.

Na análise de suas respostas, você terá o resultado da qualidade de como vive, cosmoeticamente, com os seus pensenes na existência comum.

Questões:

Se você tomou atitudes de reprovação, veja: Como se saiu? O que houve a seguir? Que efeitos ocorreram? Quais as conseqüências posteriores, hoje, um mês depois?

Viver a vida intrafísica com o psicossoma, e com autodiscernimento, não é fácil para ninguém.

10. TESTE DAS SUAS RELAÇÕES INTERCONSCIENCIAIS

Em geral, vemo-nos sob as melhores perspectivas possíveis. Mas a visão de nossa pessoa pelos outros (conscins e consciexes) nem sempre coincide com a nossa visão de nós próprios ou quanto à auto-imagem que mantemos.

É melhor conhecermo-nos objetivamente e termos assim, no futuro próximo, a possibilidade de eliminar as qualidades indesejáveis, e reforçar aquelas que os nossos *juízes intrafísicos* (conscins) e *juízes extrafísicos* (consciexes) recomendam que sejam melhoradas, através de *juízos coincidentes,* ou os consensos explícitos ou anônimos.

Se você, conscin, *não mantém* boas relações com as outras conscins na vida cotidiana, como poderá manter boas relações com as consciências extrafísicas (amparadores) ao se projetar com lucidez do soma?

Não adianta apenas pedir assistência extrafísica. É *necessário ter **méritos** para ser bem-assistido a partir das dimensões extrafísicas.*

Eis 20 características, em forma de perguntas, referentes às relações com as pessoas (conscins), para você interrogar à sua consciência, ou seja, para fazer a você mesmo, em uma *auto-avalia*ção crítica, máxima, dos seus relacionamentos:

1. Sou diplomático o suficiente? (Ambigüidades inevitáveis).
2. Eu gosto, de fato, das pessoas? (Senso de humanidade).
3. Mantenho firmes princípios pessoais para viver?
4. Sou razoável ou aceitavelmente equilibrado?
5. Sou justo? (Sem acrescentar qualquer adjetivo).
6. Demonstro confiança em mim próprio?
7. Sei me conduzir agradavelmente? (Climas interconscienciais).
8. Cuido de minha aparência com atenção? (Higiene essencial).
9. Sou razoavelmente amável com os outros?
10. Sou cosmoeticamente flexível? (Autotransigência sadia).
11. Sou discreto o bastante? (Respeito interconsciencial).

12. Sou divertido quando estou enturmado?

13. Tenho senso de humor não-hostil? (Predisposição à fraternidade).

14. Sou sereno e justificadamente otimista? (Saúde consciencial, homeostase holossomática).

15. Sou acessível às abordagens alheias?

16. Expresso-me objetivamente, sem exageros?

17. Sou muito adaptável às novas situações e novas idéias?

18. Sofro de complexos? (Patologias do cérebro / parapatologias do paracérebro).

19. Sou orientado por um objetivo consciencial digno?

20. Sou uma boa companhia cosmoética?

Pelo *teste conscienciométrico de introspecção,* você pode concluir, sensatamente, se merece ou não a assistência dos amparadores evoluídos.

Questão:

Qual a sua conclusão autocrítica: você merece, ou não, a assistência dos seus amparadores?

A maioria das pessoas quer ter uma boa assistência extrafísica. O que é perfeitamente natural e admissível.

11. TESTE DOS 10 DIAS DE ISOLAMENTO

1. Na conquista das projeções conscientes, o mais importante é o experimentador ou experimentadora obter a condição máxima da *autoconsciência extrafísica.*

2. Os condicionamentos físicos e psicológicos, com raízes exclusivamente humanas, ofuscam de modo dramático a realidade multidimensional da conscin.

3. Tudo o que se fizer para quebrar essa estrutura fisicalista, que restringe a consciência tão-só na dimensão animal-carnal, ou às preocupações absolutas em torno do soma, influi na manutenção da lucidez de quem venha a estar projetado.

4. Ir sem consciência, ou com mínimo percentual de lucidez (projeção semiconsciente) para fora do soma, é condição comum e inevitável ao ser humano.

5. Sair do soma, alcançar lucidez e a rememoração das vivências extrafísicas, já é outra *atitude fora do padrão,* contrária às rotinas ordinárias da vida intrafísica.

6. Sem motivação ou sem um impacto vigoroso imposto a si mesmo, é muito difícil quebrar a crosta dos *restringimentos conscienciais* criados pela vida humana. Daí por que existem tantos métodos para o interessado livrar-se, temporariamente, do escafandro do soma e se projetar com lucidez (quebra da rotina; privações sensoriais; jejum).

7. Dentre essas técnicas, há de se enfatizar o teste de um *período de retiro,* não apenas em uma ida interna, psicológica, para dentro de você, porém em uma imersão sua, com saturação concentrada, em sentido centrípeto para dentro do próprio holossoma, *pensando em seus veículos de manifestação consciencial.*

8. Por exemplo, quando no psicossoma, você sente-se mais leve, sadio, não precisa respirar e *voa* quando deseja. Vale o esforço de pensar nisso.

9. Neste caso, recomenda-se um período mínimo de 10 dias de isolamento. Quanto mais materializado, superexcitado ou indisciplinado seja você, mais longo há de ser o seu retiro. E há um fator indispen-

sável: cortar todas trampolinagens dos condicionamentos doutrinários, a empulhação dos misticismos, os rituais abstrusos, as muletas psicofisiológicas efêmeras e os suportes exteriores à sua consciência.

10. Seu encontro consciencial tem de ser consigo próprio, com a sua vontade. E não com novas *lavagens subcerebrais* típicas, por exemplo: orações; meditações místicas; contemplações; músicas sugestionadoras; objetos sacralizados; leituras dirigidas alienantes; reuniões ritualísticas; e outros recursos pré-maternais de igual natureza.

11. Eliminadas essas muletas, você corta o contato com o mundo material: jornais, televisão, *videogames,* encontros com outras pessoas, comidas excitantes, emoções fortes e ambientes envolventes. Assim, você pode refletir mais, *quebrar sua auto-imagem animal,* queimar etapas no seu autoconhecimento e no desenvolvimento das projeções de consciência contínua.

Questão:

Você, porventura, já se isolou por 10 dias consecutivos em sua vida intrafísica?

Há conscins com temperamento de primeira classe e *intelectualidade* ***de segunda.***

12. TESTE DA PROJECIOGRAFIA OU REGISTROS PROJECIOLÓGICOS

Nas críticas, análises isentas e relatos realistas da projeciografia, sob a perspectiva do leitor ou pesquisador, quanto aos próprios experimentos projetivos (diário), ou de outros projetores, há 15 procedimentos técnicos relevantes:

1. Não recusar corrigir os próprios erros de análise ou interpretação, aplicando para isso a *autocrítica* abrangente sobre a própria crítica interna.

2. Evitar a *distorção de informações,* empregando para isso o critério de que os fatos têm que corroborar o uso das expressões fortes ou contundentes.

3. Não esquecer a análise dos mínimos dados das *fichas técnicas* do diário do projetor. Isso evidencia as afirmações maiores da competência do relato.

4. Fazer, se preciso, as *retificações justas,* contudo, sem fugir ao debate construtivo ou à polêmica inteligente, útil e aberta, quando se fizer necessário.

5. Não descarregar, de modo sensacionalista, a *criticidade* apenas sobre um aspecto (marcação) da interpretação dos fatos, sempre complexos, da consciência.

6. Manter-se de preferência com o *ceticismo saudável* do discernimento mais amplo, a fim de não cair na credulidade do amadorismo pueril das abordagens semicríticas dos *reclamões paquidérmicos.*

7. Fazer do *primado dos fatos,* ou fenômenos sempre naturais, observados, a base para a credibilidade dos relatos projetivos, acima da *implantação de idéias.*

8. Pôr, em primeiro plano, a preocupação pela *exatidão,* a imparcialidade e a cosmoética nas informações minuciosas em todos os procedimentos críticos.

9. Transcrever com fidelidade os dados das experiências, sem sonegar idéias nem *omitir informações. Uma temperatura de 50º não significa coisa alguma se não soubermos a* ***escala*** *usada.*

10. Observar, nas críticas globais, se não está, simultaneamente, acertando *no atacado* e errando *no varejo* quanto à análise dos fatos e vivências.

11. Não repetir desnecessariamente, qual *matraca,* o que já foi enfatizado nas próprias observações ou por outros experimentadores tradicionais.

12. Ressaltar, de modo consensual, o lado mais positivo dos fatos, sem cometer os excessos de otimismo do *vale-tudo acrítico* (acriticismo).

13. Priorizar sempre o *espectador-projetor,* em face do *projetor-protagonista,* na análise contrastante das experiências projetivas lúcidas.

14. Evitar fazer as *generalizações apressadas,* próprias de quem não dispõe de método, princípios lógicos nem profundidade técnica em suas análises.

15. Identificar a finalidade, o conteúdo, as perspectivas e *utilidades* da experiência para *que* e para *quem* ela vai servir. Isso é o que mais importa em qualquer crítica.

Questão:

Você atende, pelo menos, a 10 destes procedimentos técnicos da projeciologia?

Em nossa vida pode predominar um* padrão de qualidade *humana ou multidimensional.

13. TESTE DA PROJECIOCRÍTICA OU CRÍTICA PROJECIOLÓGICA

A autocrítica não pode ser confundida nem interpretada, exageradamente, até ao ponto de uma autocensura castradora ou esterilizadora, que indique tendenciosidade incorporada nas abordagens, opiniões censuradas por mitos, influências espúrias, coação subconsciente na análise dos fatos, ou desvios das formas do procedimento científico.

Para quem deseja evoluir com as projeções conscientes e alcançar maior maturidade multidimensional, eis, aqui, a projeciocrítica, ou uma auto-análise conscienciológica rigorosa, enumerada em 11 itens básicos:

1. Somente proceder ao confronto das próprias experiências conscienciais com os dados projeciológicos *consensuais,* quando plenamente convencido de que vivenciou uma projeção consciente e não outro estado alterado de consciência, nem muito menos reminiscências de filmes, programas de TV, romances, leituras, *videogames,* entusiasmos ou vaidades.

2. Pesquisar as causas e correlações de todos os *anacronismos, incongruências, incoerências, inconseqüências* e *inconsistências* das percepções extrafísicas durante os experimentos projetivos.

3. Não sonegar informações sob algum pretexto, não escrever os relatos sob pressão, nem distorcer deliberadamente a versão dos acontecimentos buscando evitar dificuldades na aceitação dos próprios experimentos.

4. Ser autêntico nas análises, sempre fiel aos fatos, afastando toda propensão de salientar certas abordagens com exclusão de outras.

5. Usar de franqueza plena, em abordagens sensatas e racionais, no registro minucioso de suas vivências extrafísicas.

6. Eliminar os acréscimos forjados pela imaginação – ou a imagística – nas mínimas interpretações das ocorrências parapsíquicas.

7. Afastar os preconceitos possíveis, os tabus da civilização, e os dogmas de todo gênero, ao estudar as experiências projetivas.

8. Abster-se de forçar a transformação da dúvida em certeza no enfoque dos fatos. *Ao modo do pára-quedas, a* ***mente*** *humana trabalha melhor estando aberta.*

9. Desreprimir-se e se expor sem reservas, realisticamente, sem medo de complicações, mal-entendidos, ou ameaças quanto às próprias projeções conscienciais.

10. Confessar a ignorância pessoal, sempre que necessário, ante quaisquer assuntos de entendimento duvidoso sob análise.

11. Não limitar as narrações das próprias experiências reais, ao nível das teorias e interpretações existentes, ou estudadas por você mesmo ou pelos outros, com objetivo de manter sensatez, causas preconcebidas ou razões premeditadas (apriorismos).

Questão:

Quais destes 11 itens você já domina com tranqüilidade?

Autocrítica excessiva é mero masoquismo, assim como a heterocrítica excessiva pode ser simples sadismo.

14. TESTE DA SUA AUTO-ANÁLISE PROFUNDA

Quer conhecer a si mesmo? Então responda a estas 20 perguntas sobre a maturidade e o discernimento do seu mundo íntimo, *pecadilhos mentais,* autenticidade e sua incorrupção:

1. Tenho dificuldades para manter estável minhas amizades e meu círculo social? Dificuldade não é sinônimo de impossibilidade.

2. Jamais me sinto inapto para desempenhar uma tarefa individual dentro de uma equipe? Cada conscin tem os colegas grupocármicos, ou evolutivos, que merece.

3. Guardo sentimento de culpa a respeito de alguém, seja uma conscin ou uma consciex? O Cosmos é o nosso país real. Ninguém existe só: *coexistimos.* Priorizemos a coexistência pacífica.

4. É difícil me comportar, ao modo que os outros esperam, conforme as circunstâncias? Todo exagero ou excesso sempre enfraquecem a consciência, seus pensenes e seus atos.

5. Tenho orgulho de minhas *performances* e desempenhos nesta dimensão e nas outras dimensões conscienciais?

6. Eu me aborreço sobre a minha segurança econômica?

7. Penso que ter preguiça *(acídia)* é de fato errado?

8. Tenho necessidade de *pôr para fora* o que sinto?

9. Sinto-me ferido ao ser criticado? (Heterocrítica)

10. Eu admito, com sinceridade, que a tudo o que faço respondo *tim tim por tim tim?* Ninguém vem à vida intrafísica para se fazer adorar igual a um deus. Só os demagogos agem assim.

11. Eu me divirto quando estou viajando fora de casa?

12. Estabeleço metas para trabalhar a fim de atingi-las?

13. Eu poderia empregar melhor o meu tempo livre?

14. Admito sinceramente a realidade do parapsiquismo das outras conscins? E quanto ao meu parapsiquismo? A projetabilidade lúcida é a gazua (chave geral) de todas as coleiras do ego.

15. Eu me alegro por ter responsabilidades?

16. Guardo sentimentos de mágoa, ressentimento ou *cotoveloma* que não confesso a ninguém? O assediador é o *inimigo mais amigo*. Inexiste local intrafísico sem assediadores extrafísicos.

17. Penso ser errado desejar ficar rico?

18. Tenho medo da morte física (tanatofobia), dessoma ou projeção final?

19. Gosto de que me chamem para fazer algo?

20. Julgo errado contar 1 pequena mentira *(mentira branca)?*

Suas respostas a estas 20 perguntas, sejam com predomínio do *sim* ou do *não*, só você deve julgar e concluir com autocrítica, no silêncio da sua introspecção. Mais inteligente é quem evita sempre escrever o que não diria. Há contradições evidentes entre opinião e comportamento na vida de muita gente.

Questão:

Você lucrará evolutivamente com o teste?

Em geral, o* pecadilho mental, *ou patopensene, oculta insistentemente um* traço desagradável *da conscin.

15. TESTE DA SUA HOMEOSTASE HOLOSSOMÁTICA

Há um momento na vida da consciência intrafísica em que você é chamado a harmonizar o equilíbrio integrado do holossoma em uma *autocatálise.*

Até o *cientista* mais lúcido e auto-suficiente, precisa da sua hora de concessões ao relaxe, em seu microuniverso íntimo, a fim de prosseguir evoluindo sem *fissuras intraconscienciais.*

Eis 20 atitudes para produzir a catálise ou a dinamização da homeostase holossomática:

1. Tornar-se mais *um amplificador lúcido da consciencialidade* nos ambientes intrafísicos e extrafísicos onde você se manifeste, em qualquer ocasião. A lucidez consciencial é indispensável.

2. Revisar o *senso de humanidade* que você aplica no dia-a-dia. Somos *colegas grupocármicos* uns dos outros.

3. Aprofundar o entendimento do *binômio discernimento-afetividade.* Amor romântico não é aventura emocional.

4. Conceder o percentual de candura sadia que todos carecemos. A ternura existe. O amor à primeira vista também.

5. Fazer concessões inteligentes ao exercício do seu cardiochacra. Existem milhões de cardiochacras bloqueados.

6. Eliminar os excessos de rigidez do *censurômetro anti-ridículo.* Quem mantém o medo de errar, dificilmente acerta.

7. Analisar minuciosamente a extensão útil da conduta asséptica ou cosmoética perante possíveis aspectos estéreis ou esterilizantes dos nossos atos. O espaço e o minuto apresentam valores.

8. Deixar também que a energia *yin* (se você for homem), ou *yang* (se você for mulher), flua livremente em suas manifestações essenciais. A consciência não tem sexo, o soma tem.

9. Não permitir que o *desconfiômetro* castre a autenticidade pura. Há quem viva desconfiado da própria sombra física.

10. Humanizar com inteligência nossas energias conscienciais (holochacralidade). Há energias conscienciais policármicas.

11. Dar alguma atenção, mesmo que mínima, à Estética em nossas vidas. A estética ajuda a manutenção da alegria na vida.

12. Acatar e *re*analisar a média útil das *hetero*críticas recebidas. Reciclemos as heterocríticas de nosso arquivo de pesquisas.

13. Enriquecer o próprio conhecimento quanto à holomaturidade. O conhecimento mais inteligente é quanto a gente mesmo.

14. *Quebrar o gelo* da austeridade com o melhor bom humor.

15. Fortalecer a fixação a Terra, renovando os laços de conexão, funcional e inevitável, à vida produtiva dentro da energia (matéria) densa. Projetar-se com lucidez não é alienar-se do soma.

16. *Des*monopolizar a atuação de 1 veículo consciencial sobre outros. Nosso holossoma é composto por 4 veículos.

17. Dar balanço do acervo dos suores, sangue e *lágrimas de alegria*. Há ectopias por toda parte na vida intrafísica.

18. Liberar o fluxo *des*impedido de nossa energia consciencial do sexochacra ativo. Apliquemos o coronochacra no dia-a-dia.

19. Afastar as possíveis variáveis, ao mesmo tempo ***sub**umanas* e ***de**sumanas*, dos nossos desempenhos especificamente *humanos*. Não nos envergonhemos de ter consciência e ser consciências.

20. Permitir a vazão natural de ternura sem sufocações áridas.

Tudo isso pode ser feito *sem* 7 fatores patológicos: regressões psicológicas; recalcamentos mórbidos; surtos de imaturidade; repetições automiméticas inúteis; fragilizações pessoais; ***des**prioriza*ção errada das diretrizes evolutivas essenciais; ou tranformar condutas-exceção em condutas-padrão.

As projeções conscienciais assistidas e as retrocognições projetivas sadias, não raro, têm esse objetivo magno.

Questões:

Você é capaz de enfrentar tudo isso? Vale a pena tentar?

Há conscins que vivem, como realidade,
o absurdo e a contradição.

16. TESTE DA SUA ATITUDE DIMENSIONAL

1. A maturidade evolutiva e a memória integral apontam à conscin universalista e discernidora, que identifica outras dimensões, o ato de viver consciente, preocupada, *prioritariamente,* com esta dimensão natural (teoria da *biofilia),* correspondente ao seu *soma* e, depois, irrecusavelmente, com as demais dimensões adstritas e pertinentes, de modo direto e global, ao seu *holossoma* (teoria da *conscienciofilia).*

2. À vista do exposto, você, consciência intrafísica, pode localizar e reconhecer, ininterruptamente, a existência de outras dimensões conscienciais, extrafísicas. Daí surgem 3 questões que definem 3 atitudes:

Você deve viver preocupado *apenas* com esta dimensão consciencial?

Você deve viver preocupado *apenas* com a dimensão extrafísica?

Você deve viver atento, *ao mesmo tempo,* quanto aos *2 lados* da vida?

3. Sem dúvida, o discernimento recomenda que é mais inteligente à consciência viver desperta, entrosada e em conjunto, com todas as dimensões que já identifica e com as quais se depara, de modo inarredável, a cada instante. Se não vejamos.

4. Se alguém identifica outras dimensões conscienciais é porque já possui recursos, parapercepções e atributos, também conscienciais, e, portanto, a liberdade, o livre-arbítrio e o dever de viver conscientemente entrosado com essas dimensões.

5. Por outro lado, os atos de a consciência desligar-se definitivamente do veículo humano ou da dimensão intrafísica pela dessoma, ou mesmo libertar-se da série dos renascimentos e existências intrafísicas sucessivas, pela terceira dessoma, ou a liberação evolutiva que faz a *Consciência Livre;* somente ocorrem na dependência do domínio sobre o soma, o holochacra, ou o veículo relativo à dimensão energética imediata, e além disso, sobre o psicossoma ou o corpo emocional. A Consciência Livre entra no *quarto curso* evolutivo *paradoxal* (conscienciês), depois dos ciclos *vegetal, subumano* e *humano.*

6. O soma precisa de repouso e do refazimento celular. Já a consciência não pára jamais, nem precisa de repouso simultâneo (inconsciência inconveniente) junto ao soma.

7. Por isso, não constitui alienação, nem muito menos fuga, se uma conscin, ou consciência intrafísica, que já perde mesmo, inconscientemente, 8 horas do seu dia de 24 horas, com o sono, ou um terço da sua vida física dormindo, aproveitar esse tempo (projetabilidade lúcida), que estava rotineiramente desperdiçado, para dinamizar a sua evolução, em condições melhores e mais confortáveis.

8. Mais ainda: com isso ajuda também outras consciências a evoluírem, patrocinando a assistencialidade extrafísica executada através das projeções conscienciais lúcidas.

9. A consciência tem o valor do seu *prestígio multidimensional*. Esta condição começa pela qualidade das energias pessoais.

10. Qual o nível da dimensionalidade do seu microuniverso consciencial? Você vive de acordo com qual das 3 atitudes aqui analisadas? A biofilia pesa muito em você?

Questão:

Você vive atento aos 2 lados da vida na Terra?

Nenhuma obra consciencial bem feita,
foi feita com facilidade.

17. *PESQUISA DO CONTEÚDO DOS FENÔMENOS*

Os fenômenos parapsíquicos vêm ocorrendo, de modo igual e constante, desde a Antigüidade.

Nossa compreensão quanto aos fatos evolui pouco a pouco. Por isso, as expressões mais corretas com que os interpretamos se alteram com as épocas e os lugares.

No decorrer do tempo, os termos enfastiam os homens.

Contudo, existem 3 pontos de consenso universal:

1. *Um nome novo, neologismo pomposo, não muda a essência do fato sob análise.*

2. A Semântica não tem o poder de alterar a estrutura dos fenômenos.

3. A Ciência não tem – na Terminologia – o culto da palavra (etiqueta, rótulo, moldura).

Por isso, "nada de novo sob o Sol", exceto a nossa *verdade relativa de ponta,* ligeiramente ampliada a cada pesquisa de resultados mais corretos, concretos e produtivos.

Eis 4 fenômenos parapsíquicos registrados pela História do Homem:

1. No Século XVIII, o *magnetismo animal* foi identificado e *re*cunhado de *mesmerismo,* a partir da teoria do alemão Franz Anton Mesmer. Em seguida, foi chamado, na Europa, *sugestão* e *hipnotismo;* no Brasil, *letargia;* e na Espanha, a "novidade" foi *re*batizada de *sofronização.* O fenômeno, com 2 séculos de idade quanto à sua pesquisa, prossegue ainda bastante obscuro para todos nós.

2. Em 1886, o alemão Karl von Reichenbach descrevia os *eflúvios energéticos* da personalidade humana (energias conscienciais). Em 1897, o francês Hippolyte Baraduc publicava fotografias da *iconografia do invisível fluídico,* os mesmos eflúvios, inclusive dos dedos das mãos. Em

1939, o russo Semyon D. Kirlian *re*apresenta o "fato novo" das irradiações, então nomeadas *kirliangrafias* ou *eletrografias,* e que permanecem controvertidas, portanto, há mais de 1 século; *vexata quaestio.*

3. Em 1920, a *visão sem olhos* era chamada *transposição do sentido visual* pelo francês Jules Romaines. Em 1927, Louis Farigoule denominava o fenômeno *visão extra-retiniana.* Em 1962, o russo Iosif M. Goldberg *re*descobre a "novidade" da *percepção dermo-óptica* crismada, agora, de *biointroscopia.* O fenômeno em nada se modificou, apesar da *fumaça* dos novos lugares e dos novos nomes.

4. Desde tempos imemoriais, havia pessoas que se *sentiam sair do corpo humano.* Dois expoentes entre os gregos, Platão, no ano 347 A. C., e Plutarco, no Século I; Agostinho de Tagaste, no Século IV; o sueco Emanuel Swedenborg, no Século XVII; e legiões de outros observadores descreveram a velha ocorrência cunhada, neste Século XX, de *projeção astral, desdobramento, OBE,* e agora denominada *projeção consciencial lúcida,* com a intenção de anatomizá-la melhor.

Questão:

Você superestima as evidências superficiais - *formas, locais, épocas, gerações, pessoas, hipóteses,* ou *nomes* mais pomposos - em detrimento da essência aos fatos?

Interessa, prioritariamente, compreender a fundo o significado do fato a fim de aplicar o conteúdo prático do mesmo.

18. TESTE DO CONTEÚDO DOS FENÔMENOS

Existem aspectos desafiadores e conteúdos não satisfatoriamente explicáveis em uma longa série de temas e fenômenos confluentes à Conscienciologia, que exigem a máxima autocrítica e a sua atenção acurada de experimentador ou experimentadora.

Eis 7 questões que ressaltam a complexidade dos fenômenos da Conscienciologia e ainda deixam perguntas de perplexidade no ar, um teste para você responder:

1. Até que ponto a religião impede a reconquista mais rápida das unidades conscienciais da lucidez (cons) da consciência (hiperacuidade) em processo de renascimento intrafísico, sob a condição draconiana de afunilamento do restringimento consciencial intrafísico? Afinal, o adulto beato é criança que passou da mamadeira à chupeta. E parou por aí. O sofisma é sempre um pseudotraf*o*r.

2. Quanto se pode confiar na hipnose como técnica de prospecção, rastreamento e sensoriamento conscienciais das lembranças de alegadas experiências de abdução ufológica? Os contágios interconscienciais de experiências parapsíquicas, inclusive dentro da área das retrocognições, são fatos constatados por todos os pesquisadores parapsíquicos participativos e atentos.

3. Até que percentual os fenômenos mediúnicos ou parapsíquicos podem ser analisados, e se apresentam confiáveis, quando são interpretados sem o fator preponderante das percepções anímicas e energéticas, pessoais, personificadoras (personismo), auto-hipnóticas, da conscin de alto nível parapsíquico ou de elevada sensitividade? É sabido que até a dublagem *mata* a personalidade da estrela *(popstar).*

4. Até onde toda pessoa, sem exceção, em maior ou menor percentual, dependendo das predisposições pessoais e ambientais intrafísicas (mesologia), é um epicentro interdimensional desencadeador dos fenômenos dos *poltergeister?*

5. Até que nível a hipnose consegue alcançar e sondar, de fato, a memória causal, integral, ou holomemória, da conscin, nos casos de

regressões ou rememorações retrocognitivas existenciais? A holomemória é implacável dentro de nós.

6. É válido o esforço do laboratório primário da religião, na fase inicial da vida da conscin, recém-egressa à vida intrafísica, ou será mais proveitoso eliminá-lo de vez, a fim de avançar já, nos períodos da infância e da puberdade, para a conquista de um percentual desrepressivo maior ou de um nível de maturidade pessoal e integrada (holomaturidade) o mais cedo possível? Crença é preguiça mental para muita gente.

7. Em que percentual as ocorrências ufológicas podem ser explicadas tão-somente pelos fenômenos das retrocognições das conscins, assentadas nas alegadas transmigrações conscienciais, extrafísicas, interplanetárias e incessantes, neste Globo, em relação a outros planetas que desconhecemos?

Questão:

Qual o nível da qualidade da sua perplexidade e a extensão da sua autocrítica perante o conteúdo dos fenômenos?

Fórmula teática da busca do *megaconhecimento:*
1000 sínteses = 1 análise.

19. TESTE DOS DESEMPENHOS DO PROJETOR LÚCIDO

Eis, experimentador ou experimentadora, 30 experimentos extrafísicos para você tentar vivenciar, quando estiver projetado com razoável lucidez, a fim de aquilatar o nível da sua projetabilidade lúcida:

1. Abordar *transeuntes extrafísicos* (consciexes) em uma via pública de megacidade.

2. Aplicar a *intuição extrafísica,* quando projetado, como porta sensorial evoluída.

3. Auscultar as energias do *duplo dos objetos* intrafísicos quando ainda projetado.

4. Burilar a própria *presença de espírito* nas tomadas de decisão fora do soma.

5. Buscar adquirir o *hábito da autovivência* do fenômeno da projeção consciente.

6. Calcular a sua *autonomia extrafísica* em relação aos seus períodos projetivos.

7. Comunicar-se, ao estar projetado, fazendo a *confirma*ção de suposições suas.

8. Construir o próprio *estilo técnico* para se projetar com inteira lucidez até outras dimensões conscienciais.

9. Criar, extrafisicamente, uma *duplicata do psicossoma* através das próprias energias conscienciais.

10. Empregar o *mentalsoma* direto em uma projeção consciente deixando o psicossoma *dentro* do soma.

11. Encontrar e identificar uma conscin projetada durante uma projeção consciente.

12. Entrevistar, extrafisicamente, uma consciex internada em uma *seriéxis prévia.*

13. *Escutar os pensenes* de uma consciex antes que os mesmos sejam exteriorizados.

14. Estabelecer, em si, as diferenças entre um projetor livre e um *projetor dirigido.*

15. Estudar a tração-distensão do *cordão energético* que liga o soma ao psicossoma.

16. Examinar a *autotelecinesia* nos pródromos técnicos da produção de uma projeção consciencial lúcida.

17. Experimentar a *omnivisão extrafísica,* ou em todas as direções, quando projetado.

18. Identificar os catalisadores das *parapercepções* quando no estado projetado lúcido.

19. Localizar alguma *consciex desendereçada* dentro da própria base intrafísica.

20. Operar as *substâncias extrafísicas* através da vontade e dos próprios pensenes.

21. Participar da aula do *curso intermissivo,* extrafísico, de uma conscin ou consciex.

22. Pesquisar a *luz extrafísica* que surge espontaneamente nas dimensões extrafísicas.

23. Qualificar a *potência projetora* do próprio liame energético soma-psicossoma.

24. Saber balancear, com inteligência, o *emocionalismo e o tecnicismo* nas projeções conscienciais lúcidas.

25. Sentir a compressão característica do *frontochacra,* na glabela, durante as projeções conscientes.

26. Situar um *distrito extrafísico* em relação aos distritos intrafísicos ou terrestres.

27. Sopesar os fatores diferenciais entre as idas e as voltas nas *excursões extrafísicas.*

28. Tentar retirar do *estado da coincidência* uma conscin afim, adormecida.

29. Ver, extrafisicamente, sem a influência da *perspectiva dos objetos* e cenários.

30. Vivenciar a expansão extrafísica, súbita, da *lucidez consciencial* (mentalsoma).

Questão:

Quais destas 30 experiências você já conseguiu vivenciar, satisfatoriamente, nos seus estados projetados com lucidez?

20. TESTE DA PREPARAÇÃO DAS PCCS AVANÇADAS

Duas conscins podem chegar a relevantes projeções conscientes conjuntas (PCCs), através de 20 posturas técnicas conscienciológicas, projetivas, críticas e sofisticadas:

1. Estudar em profundidade a condição da grupalidade consciencial.

2. Iniciar a vivência plena da invéxis ou da recéxis.

3. Formar uma dupla evolutiva com intensa atividade libertária, mútua.

4. Fazer *rapport* mais profundo com algum possível megatraf*or*, idêntico, de ambos os parceiros.

5. Desencadear estados vibracionais profiláticos em conjunto, ou seja: ao mesmo tempo e no mesmo local, periodicamente. O estado vibracional é a armadura assistencial pela energia consciencial.

6. Usar a força pensênica com os pensenes *carregados no ene* (energias conscienciais).

7. Fazer acoplamentos áuricos um com o outro, até ambos dominarem razoavelmente este procedimento parapsíquico (clarividências faciais).

8. Fazer assimilações simpáticas mútuas e as desassins consecutivas.

9. Identificar cada qual os próprios sinais energéticos, anímicos e parapsíquicos. A energia consciencial é realidade muito séria: 2 *laringochacras* já formam 1 assembléia.

10. Tirar proveito de alguma possível primener, porventura interveniente, de 1 dos parceiros. O melhor *pensene autoconsciente* é o de geração mais recente.

11. Usar os recursos das seduções sexochacrais, mas sadias, cosmoéticas.

12. Atingir a condição elevada do casal íntimo positivo e construtivo.

13. Manter a própria alcova *(ninho de amor)* blindada energeticamente.

14. Proceder à intrusão espermática lúcida, positiva e sem gestação humana, por parte do homem sobre a mulher.

15. Contemplar cada qual a aura orgástica do outro *(miniprimener efêmera)* ou o nível elevado, máximo, das manifestações do *Homo eroticus.*

16. Obter – o casal – o holorgasmo conjunto *(maxiprimener).*

17. Criar, pouco a pouco, um *holopensene projeciogênico* na base física conjunta ou de ambos. A *ação* é a materialização do *pensene público.*

18. Instalar um *projetarium* que receba em conjunto ambos os projetores, ao mesmo tempo, com autopreparações técnicas, pessoais e otimizadoras.

19. Executar a técnica clássica da transmissibilidade projetiva.

20. Buscar, por fim, a produção das projeções conscientes conjuntas, simultâneas e avançadas. *Só adquirimos o* ***know-how projetivo*** *através da vivência pessoal.*

Se você já consegue realizar 10 providências e seu parceiro outras 10, ambos devem insistir, perseverantemente, nos experimentos. Surpreendentes resultados projetivos e interconscienciais podem advir daí.

Questão:

Quais destas 20 providências você, experimentador ou experimentadora, já consegue executar satisfatoriamente?

Nas projeções conscientes conjuntas um projetor pode funcionar na qualidade de co-projetor do outro.

21. TESTE DAS SUAS RELAÇÕES EXTRAFÍSICAS

A conscin é uma consciência *intra*física, mas também uma consciência multidimensional ou *extra*física.

Eis 30 perguntas para você responder quanto ao seu relacionamento e comunicação com as conscins ou consciexes, através da expressão repetida *você sabe como:*

1. Você sabe como estar ou permanecer tranqüilo?
2. Você sabe como mostrar-se ostensivamente tranqüilo?
3. Você sabe como mostrar-se tranqüilo por fora e também *por dentro* de você?
4. Você sabe como sentar-se permanecendo ostensivamente tranqüilo?
5. Você sabe como ficar sentado?
6. Você sabe como ficar sentado e também tranqüilo por dentro?
7. Você sabe como ficar sentado e quieto com o seu soma?
8. Você sabe como ficar sentado e quieto também com as suas energias conscienciais?
9. Você sabe como calar-se permanecendo ostensivamente tranqüilo?
10. Você sabe como ficar calado?
11. Você sabe como ficar calado com a sua boca e também com o seu soma?
12. Você sabe como ficar calado com as suas energias conscienciais?
13. Você sabe como ouvir permanecendo ostensivamente tranqüilo?
14. Você sabe como ouvir com os ouvidos e também com os *olhos?*
15. Você sabe como ficar ouvindo?
16. Você sabe como falar permanecendo tranqüilo dentro de você?
17. Você sabe como pensar com tranqüilidade antes de falar?

18. Você sabe como falar certo no momento exato?

19. Você sabe como falar com clareza empregando as expressões corretas?

20. Você sabe como falar com a voz e também *com os gestos?*

21. Você sabe como escrever permanecendo tranqüilo dentro de você?

22. Você sabe como pensar com tranqüilidade antes de escrever?

23. Você sabe como escrever com clareza?

24. Você sabe como ler permanecendo tranqüilo dentro de você?

25. Você sabe como escolher o que vai ler?

26. Você sabe como entender o que você lê?

27. Você sabe como expor o que você leu?

28. Você sabe como pensar, permanecendo com atenção e concentração mental?

29. Você sabe como organizar o seu trabalho?

30. Você sabe como planejar as suas atividades com tranqüilidade?

Se você deu um *sim* para todas as respostas, parabéns. Está preparado para se relacionar diretamente com as consciexes nas dimensões extrafísicas. Se isso não aconteceu é melhor ajustar o soma e ter um pouco mais de tranqüilidade por dentro de você.

Questão:

O que predomina em suas respostas aqui: o *sim* ou o *não?*

Nem o** faroleiro **vive em
isolamento consciencial total.

22. TESTE DO SEU CONVÍVIO COM A SOMATICIDADE

A mãe, o pai, o médico, o professor, o sensitivo, a pessoa amada, e outras personalidades podem ajudar, na qualidade de colaboradores, a dar explicações e recursos, e até fornecer técnicas para você entender a si próprio e o Universo. Contudo, não podem, nem conseguem, *mesmo querendo,* 4 posturas:

1. Ter qualquer idéia, emoção ou energias conscienciais *sadias* por você.

2. Extrair qualquer idéia, emoção ou energias conscienciais *doentias,* arraigadas em você, tomando a iniciativa em seu lugar, se você não quiser.

3. Ter a compreensão dos fatos em seu lugar, que é aquisição sua, feita por você.

4. Ter a experiência prática em seu lugar, que é também trabalho, direto, só seu.

Para alcançar esse entendimento, toda conscin há de começar sabendo que se manifesta pelo holossoma, que tem início no soma. Tem que dar o primeiro passo *pessoalmente,* compreendendo e tratando bem, o soma, a fim de entender o resto do holossoma. Daí nasceram 20 *princípios* para o convívio inteligente com o soma:

1. Beber menos de 3 xícaras de café, chá, ou refrigerante por dia.

2. Dar e receber afeto regularmente (harmonia da *dupla soma-psicossoma).*

3. Discutir sempre, com quem mora conosco, os problemas domésticos, como por exemplo: dinheiro e coisas do dia-a-dia.

4. Divertir-se pelo menos 1 vez por semana (ego, tempo livre e lazer sadio).

5. Dormir 7 horas, pelo menos, 4 noites por semana (repouso do soma).

6. Em um raio de 100 quilômetros ter, pelo menos, 1 *parente* em quem possa confiar (convivialidade com o grupocarma humano).

7. Fazer com que as convicções pessoais (socioculturais) sejam úteis.

8. Fazer exercícios físicos até suar, pelo menos 2 vezes por semana.

9. Fazer pelo menos 1 refeição quente e equilibrada por dia.

10. Freqüentar clube (ou clubes) ou ter atividades sociais regulares.

11. Ganhar dinheiro suficiente para as despesas fundamentais.

12. Manter a saúde observando, inclusive, a visão e a dentição.

13. Manter 1 rede de amizades e conhecimentos (saúde da conscin-ser-social).

14. Não fumar: não existe justificativa honesta nem defesa racional ao tabagismo.

15. Organizar o tempo eficientemente (auto-organização evolutiva).

16. Se tomar bebidas alcoólicas, é melhor ser sempre moderado (maturidade).

17. Se zangado ou preocupado, falar abertamente do que estiver sentindo.

18. Ter o peso adequado à própria altura física (estatura do soma).

19. Ter 1 ou mais *amigos* com quem possa confidenciar assuntos pessoais.

20. Tirar algum tempo para si mesmo durante o dia (auto-análise incessante).

Questão:

Você já pratica em sua vida este *código de conduta* exeqüível, acessível e ideal para qualquer um de nós?

*Evoluir **é saber coexistir com a entropia onipresente.***

23. TESTE DA SUA CONSCIÊNCIA BIOQUÍMICA

1. O nível da sua consciência quanto à Bioquímica prolonga a sua vida intrafísica ou mata o seu soma (corpo humano) mais cedo (autocídio).

2. A conscin pode se prejudicar, de modo irrecuperável, tanto pelo emprego da automedicação ignorante quanto pela medicação técnica, profissional, mais sofisticada da Terapêutica Tecnológica.

3. Pela alimentação de sólidos e líquidos (dieta), a conscin prolonga ou abrevia a sua jornada terrestre. Até o *inofensivo* café comum cria hábito e dependência.

4. As drogas criminalizadas, leves e pesadas, fabricam robôs humanos, ou pessoas *aleijadas da cabeça,* começando pela destruição da criatividade.

5. Há um produto farmacêutico, comercial, o potente *neuroléptico* H., de uso oral, hoje (1997), usado em larga escala no mercado, componente do *arsenal terapêutico* dos psiquiatras, cujo uso contínuo *por apenas 4 meses,* deixa o paciente de cérebro irrecuperavelmente avariado (vegetalização) para o resto da sua vida humana *(lifetime).*

6. O próprio paciente *quimicamente lobotomizado* por este produto, em certos casos, consegue perceber e reconhecer que nunca mais voltará a ser, cerebralmente, o mesmo, depois do uso dessa droga potente contra a agitação psicomotora.

7. Há também um ingrediente químico, ou o componente D. de múltiplos ansiolíticos, por exemplo, no mercado internacional das drogas; que entra na composição de dezenas de produtos farmacológicos de uso oral, inclusive; cujo *emprego contínuo por 3 anos,* faz o mesmo efeito destrutivo e mutilador do produto H. Tais medicamentos são receitados profissionalmente, em grande escala, por toda parte.

8. Pelas pesquisas da ConscienciotERAPIA, infelizmente, há milhões de conscins *quimicamente lobotomizadas* pela Terra afora, que não conseguirão recuperar, em definitivo, nem 50% da hiperacuidade das suas condições reais de consciexes.

9. Os profissionais anticosmoéticos da Medicina, quando mercantilista – a chamada *Máfia de Branco* – não só objetivam a ganância pelo vil metal, o dinheiro, mas também, a fim de alcançar esta meta comercial-industrial, não vacilam jamais em aplicar tais drogas mortíferas em legiões de pacientes vulneráveis, indefesos e desinformados.

10. As autocorrupções conscientes e as heterocorrupções mútuas, grupais, também conscientes, dentro da Medicina (Farmacologia), atual, são das mais profundas, destrutivas e comuns que podemos detectar, hoje, na Socin.

11. A Farmacologia moderna, uma das bênçãos para a Humanidade, é também uma das maiores criações da Patologia do próprio Homem. A lâmina é ótima para o adulto fazer a barba, sendo um perigo nas mãos da criança de 3 anos de idade.

12. Toda *bolinha* é corta-tesão. Daí por que, experimentador ou experimentadora da Conscienciologia, será útil pesquisar, em uma auto-análise crua, as suas relações com a Bioquímica.

Questão:

Você sabe sempre, de fato, razoavelmente,
o que coloca em sua boca e engole?

A bioquímica ao mesmo tempo
que vivifica, pode matar.

24. TESTE DA SUA INDEPENDÊNCIA PESSOAL

Ciência é liberdade. Toda autonomia tem um preço.

É útil a pesquisa do seu grau de independência pessoal quanto às manifestações com o soma, ou através do corpo humano, na vida intrafísica.

Você dá o devido valor para o fato de poder empregar livremente os instrumentos do soma?

Vejamos 8 perguntas apenas:

1. Você é bom no jogo de cartas e esbraveja se uma delas lhe escapa das mãos? Há pessoas que não arranjam um tempo de lazer e outras que só conseguem jogar com as cartas encaixadas em suportes, presas à sua frente, em dispositivos especiais.

2. Você consegue tomar banho sozinho e excomunga o chuveiro que deixa sair pouca água? Há milhares de semelhantes nossos sem chuveiro ou que só tomam banho com assistentes, sentados em banheiras com dispositivos mecânicos especiais, sem nenhum conforto. Há *assediadores* advogados insistentes da preguiça.

3. Você enxerga bem com os 2 olhos e *perde as estribeiras* se um cílio entra em um deles? Há conscins, semelhantes nossos, que nascem já com a cegueira congênita de ambos os olhos e vivem assim toda a vida intrafísica *(lifetime).*

4. Você tem as 2 pernas sadias e se lamuria do formato mais fino das suas coxas? Há milhões de semelhantes nossos, diversamente capacitados quanto às pernas, que empregam bengalas, muletas, cadeiras de rodas e até pernas artificiais para andar com alguma dificuldade. Há também um certo percentual de *homens-tronco.*

5. Você é pessoa desembaraçada na cozinha e grita porque chegou a queimar a ponta do dedo? Há milhões de pessoas sem comida, e centenas de outras só podem fazer a comida sentadas em cadeiras ortopédicas com enorme dificuldade.

6. Você tem a mão livre, e solta uma imprecação porque o garfo está com um dente menor? Há quem coma com as mãos e milhares

de pessoas, nossos semelhantes, usam garfos especiais com suportes, tiras de metal para os dedos, luvas de couro, pegadores com faixas, cintos e correias para mão, a fim de poderem comer de algum modo, com o maior esforço. Há milhões de conscins passando fome em vários locais da Terra, pobre gente desqualificada quanto à autoconsciência. Quem ajuda, ganha.

7. Você tem ambas as mãos livres e vocifera em razão de uma unha quebrada? Há muita gente vivendo *sem* os dedos, *sem* as mãos e até *sem* os braços.

8. Você dirige o carro novo com as 2 mãos e esconjura até o volante duro? Há milhões de pessoas sem condução própria e milhares delas somente conseguem dirigir com dispositivos mecânicos especiais no acelerador, no câmbio, nos freios e na direção, saindo e entrando no veículo em cadeiras de rodas.

Questões:

Como você reage a todas essas situações do dia-a-dia, de modo positivo ou negativo? *Se não sabemos viver com o soma, como vamos viver bem com o mentalsoma?*

Cada um de nós responde na ficha evolutiva pessoal pelas vantagens de ter pernas, braços, mãos, olhos e os demais **confortos intrafísicos** ***de nossos somas.***

25. TESTE DO MEDO À MORTE BIOLÓGICA

O fenômeno da projeção consciente humana prova tão-só para você, na sua intimidade, que a morte do soma, não afeta a continuação do fio vital da consciência. Por isso, para você, em tese, se extingue em definitivo a tanatofobia ou o medo da morte, *o pai e a mãe* de todos os medos e fobias humanas.

Você sabe, com certeza, dentro de si próprio, que continuará vivendo depois da morte cerebral e da doação dos órgãos do seu soma. Assim, a rigor, estão inapelavelmente *erradas* estas 22 expressões empregadas com freqüência para significar o transe da morte do corpo biológico:

1. **Adormecer para sempre:** a consciência jamais dorme em nosso nível evolutivo. Está sempre, de algum modo, alerta.

2. **Cessar a vida:** a vida da consciência aponta para a vida perene. *Não fomos criados para chegar a um fim ou à extinção.* O *autocídio* é a pior opção da conscin.

3. **Deixar a vida:** nenhuma consciência deixa a própria vida. A consciência é indestrutível.

4. **Derradeiro sono:** haverá muitos outros sonos, em outros somas, em outras vidas intrafísicas no futuro.

5. **Desaparecimento:** a consciência é inextinguível e não desaparece com o corpo humano.

6. **Descanso em paz:** às vezes, a consciex terá muito mais trabalho, pois a consciência não pára.

7. **Descida à sepultura:** só o soma é enterrado (ou cremado), não a consciência lúcida.

8. **Desfecho fatal:** contra toda a *enxurrada de besteirol* que campeia por aí, só existe desfecho para o soma que é desativado em definitivo, através da dessoma.

9. **Eterno descanso:** a consciência, quanto mais evoluída, menos descansa. Sua atividade é o seu descanso e lazer.

10. **Extinção:** apenas se extingue, no caso, o soma desativado (dessoma).

11. **Fechar os olhos:** muito pelo contrário, a consciência abre os *paraolhos* para as realidades das outras dimensões.

12. **Fim da vida:** não há um fim da vida, apenas termina a existência intrafísica e do corpo humano.

13. **Ganhar a glória:** nem sempre, só as conscins completistas têm a euforex.

14. **Hora última:** a dessoma atinge somente a vida biológica, organizada, do soma.

15. **Instante fatal:** não é fatal nem definitiva a morte biológica porque a vida da consciência prossegue sempre.

16. **Momento supremo:** nem tanto, ocorre tão-só a desativação de um veículo consciencial que se desgastou, no máximo, um choque biológico ou intraconsciencial.

17. **Perder a vida:** apenas se perde a vida humana organizada e atual.

18. **Sombras da morte:** nas dimensões extrafísicas há muitas sombras e muitas luzes, dependendo do nível de lucidez das consciexes que compõem cada ambiente ou comunidade.

19. **Sono dos mortos:** a rigor, a consciência não morre, e muito menos dorme, em nosso atual nível evolutivo. Só o soma precisa de um repouso profundo e periódico.

20. **Tombar sem vida:** exclusivamente sem a vida do soma rústico e efêmero.

21. **Última jornada:** apenas esta jornada intrafísica.

22. **Verdadeiro repouso:** uma inexistência; a consciência repousa trabalhando mais, com lucidez maior e motivação crescente conforme a sua evolução lúcida.

Questão:

O medo da morte, ou a tanatofobia, ainda assoberba você?

Ressoma é esperança.
Dessoma é saturação.

26. TESTE DOS 30 ITENS ANTI-SEXUAIS

Eis 30 obstáculos que podem impedir você, experimentador ou experimentadora, de desenvolver uma sessão sexual satisfatória com o seu parceiro ou parceira:

1. Acidente de percurso de natureza parapsíquica com um ou os 2 amantes.

2. Ausência energética manifesta de um dos amantes: o soma sem o holochacra.

3. Ausência, ou até mesmo a presença, de preservativo ou camisinha.

4. Chuva calamitosa capaz de criar alterações nos esquemas sociais do dia.

5. Condição de ejaculação precoce, é óbvio, em certos casos, do homem.

6. Condição de *ressaca sexual* de um ou ambos os amantes.

7. Contratempo ou incidente social que envolva um parceiro.

8. Descompasso de um dos amantes com o horário (o tempo ou o relógio).

9. Desconexão entre os níveis de excitabilidade sexual dos amantes.

10. Disenteria desgastante, notadamente do homem.

11. Doença sexual de um dos amantes, inclusive a vaginite comum da mulher.

12. Estado de cansaço físico estressante (astenia ou estafa) de um parceiro.

13. Estado fisiológico da gestação humana, em certos casos da mulher.

14. Estado pessoal de assédio extrafísico, patológico, de um parceiro.

15. Excessiva saciedade sexual ou período efêmero de esgotamento sexual.

16. Falta de alcova blindada energeticamente para a sessão do casal íntimo.

17. Hóspede acolhido na casa ou no apartamento do casal íntimo.

18. Impotência (homem) ou a frigidez (mulher) temporárias (desinteresse sexual).

19. Imprevisto no trânsito congestionado da localidade ou mesmo do bairro.

20. Ingestão em excesso de bebidas alcoólicas por um ou ambos os parceiros.

21. Ocupação extra ou trabalho profissional exaustivo de um parceiro.

22. Período fisiológico da menopausa, é óbvio, em certos casos, da mulher.

23. Período fisiológico da menstruação, é óbvio, em certos casos da mulher.

24. Presença indescartável de crianças, filhos ou netos no ambiente do casal íntimo.

25. Rusga, ou desentendimento momentâneo, mas desgastante, do casal íntimo.

26. Simples minidoença, por exemplo, o resfriado comum de um parceiro.

27. Telefonema inesperado para um ou ambos os parceiros.

28. Uso de medicamento antitesão ou corta-tesão por parte de um parceiro.

29. Viagem profissional imperiosa e súbita de um parceiro que se ausenta.

30. Visita inesperada na casa ou no apartamento do casal íntimo.

Todos estes impedimentos sexuais podem ser também obstáculos ao seu desempenho energético, projetivo e até na tenepes.

Tudo depende do nível da impulsão da sua vontade.

Questão:

Sua vontade é superadora, ou não, de obstáculos?

O coronochacra e o sexochacra são as* chaves de roda *das ressomas e dessomas.

27. TESTE DA QUALIFICAÇÃO DO CASAL INCOMPLETO

A *Socin* ainda é uma criança desajustada.

Há vários aspectos da condição do casal incompleto na Socin, que exigem pesquisas em abordagens específicas.

A condição do casal incompleto pode ser classificada, em uma abordagem inicial, em 2 tipos: unilateral e bilateral.

1. A condição do casal incompleto *unilateral* se instala quando há cobiça e o desejo sexochacral manifestos, ou seja, a condição do tesão evidente de um dos elementos – o homem ou a mulher – pelo outro, que chega até a *deitar o seu charme* ou se insinuar claramente, como pode, perante a outra pessoa.

A condição do casal incompleto do tipo 1, unilateral, freqüentemente mantém uma relação conflituosa que termina com a ruptura e afastamento intencional por parte da conscin não interessada, que não alimenta a reciprocidade interchacral, *perseguida* pela outra parte, insinuante e cobiçosa, não raro, claramente intrusiva.

A condição do casal incompleto do tipo unilateral, pode ainda levar a uma exploração afetiva, em geral temporária, por parte da conscin *cobiçada* sobre a outra, vulnerável em seus sentimentos ou em sua condição afetivo-sexual não-resolvida.

A condição do casal incompleto, unilateral, espoliativa, é muito mais comum com a exploração desenvolvida por parte da mulher sobre o homem cobiçoso.

2. A condição do casal incompleto *bilateral* se instala quando há a cobiça e o desejo sexochacral manifestos, ou a condição do tesão evidente do homem e da mulher, mutuamente, sem, contudo, ocorrer a consumação da relação sexual entre ambos.

A condição do casal incompleto do tipo 2, bilateral, freqüentemente pode chegar a uma relação temporária de *perseguição gato e rato (Tom* e *Jerry)* que, em geral, devido tão-somente às circunstâncias adversas, acaba por se acomodar, com a perda do interesse recíproco, porque não houve a consumação da relação sexual no devido tempo, ou no período de pique do interesse sexochacral mútuo.

Na condição do casal incompleto bilateral é comum acontecer orgasmos por parte de um ou de outro componente, alívio afetivo-sexual do tipo masturbação, que pode ocorrer – em geral com muita dissimulação – em determinadas circunstâncias sociais propícias a este tipo de manifestação, por exemplo: danças, na lambada.

A condição do casal incompleto, no caso bilateral, chega a criar problemas de desvios na execução das proéxis dos parceiros, pela intrusão de elementos espúrios e indesejáveis no clima de entendimento recíproco, indispensável ao cumprimento efetivo das tarefas em conjunto, planificadas anteriormente em seus cursos intermissivos.

Questões:

Componho quantos casais incompletos, unilaterais? Quantos casais incompletos, bilaterais? Sou sinceramente cosmoético com todos os meus parceiros, ou parceiras?

A busca da verdade relativa de ponta sempre incomoda quem a teme.

28. TESTE DO SEU INSTINTO SEXUAL BÁSICO

Toda conscin de quociente de inteligência (QI) médio sabe muito bem o que fazer com o sexo, mas tão-somente o *trivial invariável:* a força espontânea da própria natureza humana.

Segundo a Conscienciologia, o autoconhecimento é indispensável na dinamização da evolução e deve abarcar completamente a holossomática.

A holossomática, para nós, conscins, começa pelo soma.

O soma existe a partir do sexo. Só existe de fato o sexo, funcionante, no soma.

O psicossoma e o mentalsoma, por exemplo, não dependem do sexo. A consciência, em si, não tem sexo. Contudo, o principal órgão sexual é a vontade.

O soma e o sexo são mantidos pelas energias conscienciais (vontade).

Sem o autodomínio das energias conscienciais, a partir do estado vibracional, é difícil, senão impraticável, a qualquer conscin alcançar elevado nível de autoconhecimento.

Cada conscin tem o seu soma e o seu *instinto sexual básico.* Este precisa ser descoberto, identificado e autodefinido, a fim de que ela – só então – alcance a condição tranqüila da maturidade sexual, infra-estrutura essencial ao seu autoconhecimento.

A descoberta, identificação e definição real do seu instinto sexual básico, na condição de conscin, acontece pela sua opção, ou escolha pessoal, inevitável, de sua conduta sexual, *padrão,* entre 4 condutas sexuais na vida intrafísica, prática, dia-a-dia:

1. A sexualidade humana através da masturbação é o sexo consigo mesmo; o prazer solitário, natural, para se alcançar o autoconhecimento do soma. É uma *conduta-exceção fisiológica,* uma prática compensadora que atinge a todos: meninos *(punheta)* e meninas *(siririca),* homens e mulheres. Por ser emergencial, a masturbação só é patológica quando se torna uma conduta-padrão no universo da sexualidade humana.

2. A sexualidade humana mal resolvida com um ser subumano; tecnicamente, a bestialidade: a escolha, por exemplo, da égua nova pelo homem; ou do cão maior (molosso) pela mulher. A bestialidade, além de ser uma ectopia sexual aberrante, é sempre uma *conduta-exceção patológica* no universo da sexualidade humana.

3. A sexualidade humana com alguém do mesmo sexo; a homossexualidade (homoerotismo) ou o lesbianismo. É uma *conduta-exceção antifisiológica,* esporádica. A homossexualidade só é patológica quando se torna uma conduta-padrão, por ser uma *ectopia sexual* forçada dentro do universo da sexualidade humana.

4. A sexualidade humana com alguém do outro sexo; a heterossexualidade ou heteroerotismo. É uma *conduta-padrão fisiológica,* a única própria, ou ideal, para constituir e manter a dupla evolutiva sadia, dentro das premissas da Conscienciologia. *A heterossexualidade é a* ***conduta-padrão*** *da sexualidade humana.* Só se torna patológica no caso do *sexólico* – o amante insaciável – ou no caso da ninfomaníaca.

Questão:

Você já definiu qual o seu instinto sexual básico
dentro do universo da sua sexualidade?

O **acoplamento áurico** ***funciona melhor entre o androssoma e o ginossoma.***

29. TESTE DA SUA SEDUÇÃO HOLOCHACRAL

A antipatia autoconsciente é sempre manifestação de ***sadomasoquismo.***

É fundamental a qualquer conscin inteirar-se de suas energias conscienciais, dentro do autoconhecimento direto, fornecido pela Conscienciologia, por intermédio de exercícios práticos.

Todas as pessoas usam a sedução holochacral, ou exercem o poder de sedução, no jogo onipresente da sedução que constitui a vida humana, onde sempre vence o mais apto, ou seja: o melhor quanto às energias conscienciais.

Em relação à sedução holochacral, as pessoas podem ser classificadas, pelo menos, em 7 tipos bem caracterizados, e suas subdivisões:

1. *As pessoas* podem ser classificadas em 2 tipos quanto ao emprego da sedução holochacral: quem usa em grande escala, *o tempo todo,* o magnetismo pessoal, charme, carisma ou a sedução holochacral; e quem usa *apenas raramente,* em pequena escala, a força de sua sedução energética.

2. *As pessoas* que usam em grande escala a sedução holochacral, o tempo todo, podem ser divididas em conscientes e inconscientes de suas energias conscienciais e do seu emprego útil a favor das consciências. *Universalismo* não é massificação barata.

3. *As pessoas* que empregam em grande escala a sua sedução holochacral, o tempo todo, quando conscientes, podem agir assim por *instinto de sobrevivência* (amadoras), ou porque aperfeiçoaram essa habilidade através de *esforços técnicos* (profissionais), acessíveis a quem quer que esteja motivado.

4. *Essas mesmas pessoas* que usam em grande escala a sua sedução holochacral, o tempo todo, conscientes do que fazem, podem ser *bem-intencionadas,* conforme a cosmoética, ou *mal-intencionadas,* evidenciando mau-caratismo.

5. As *pessoas* que empregam apenas raramente a sua sedução holochacral, podem agir assim inconscientemente, por *instinto de so-*

brevivência, ou *conscientes do que fazem,* contudo, sem valorizarem as suas energias conscienciais (amadoras).

6. *Essas mesmas pessoas* que usam apenas raramente a sua sedução holochacral, conscientes do que fazem, podem ser *bem-intencionadas,* conforme a cosmoética, ou *mal-intencionadas,* evidenciando mau-caratismo e anticosmoética.

7. Todos os sedutores holochacrais podem, ainda, ser classificados em 3 tipos quanto às suas energias conscienciais: *equilibrados* ou lúdicos, quando empregam a sedução energética de maneira alegre, gostosa e correta em favor da evolução de todos; *escravagistas,* quando autoritários, irresistíveis, dominadores e manipuladores de consciências, através da apropriação indébita ou da expropriação impune das energias conscienciais dos outros (machismo *masculino;* "machismo" *feminino; bichismo; sapatismo);* e *escravizados,* quando não resistem e se sujeitam, passivos, ao jogo e ao jugo das energias conscienciais alheias.

Questões:

Em qual tipo de sedutor holochacral você se classifica hoje?

A cosmoética patrocina
o funeral dos* pato*pensenes.

30. TESTE CONSCIENCIOMÉTRICO DA SUA SEXUALIDADE

Eis 33 *questões* para você avaliar a sua sexualidade:

1. Minha sexualidade é, hoje, moralista e repressora? Ou aberta e prazerosa?

2. Para mim, o ato sexual é sórdido? Ou uma *dádiva da Biologia Humana?*

3. Com a sexualidade, sinto prazer manifesto ou vergonha?

4. Desfruto de uma sexualidade forte e madura? Ou ainda muito fraca e imatura?

5. Cultivo auto-estima quanto à minha pessoa? E quanto à minha sexualidade?

6. Vivi alguma fase de *abstinência sexual,* ou *sexo inativo,* já na idade adulta?

7. A maior parte do tempo eu me sinto um machão? (Ou um mulheraço?)

8. Se preciso, sou capaz de deixar de praticar sexo, ininterruptamente, por um mês?

9. Sou *sexófobo(a), sexólatra,* ou, sexualmente, pessoa bem "normal" ou sadia?

10. A freqüência de minhas *sessões sexuais ou masturbatórias* é até bem razoável?

11. Sou *carente sexual,* insaciado(a), ou desinteressado(a) de fato quanto ao sexo?

12. A sexualidade é componente de minha saúde ou a tenho qual doença progressiva?

13. Cometo, ou me submeto, a qualquer prática sexual que seja abusiva para mim?

14. Há alguma compulsão, reação ou caso patológico em minhas práticas sexuais?

15. Sou, na condição de *Homo eroticus,* porventura, um *viciado(a) em sexo?* Sofro de alguma *sexomania?*

16. Consigo, sempre que desejo, realmente, pensar em outra coisa além de sexo?

17. Os órgãos sexuais do meu *sexossoma* (soma) me satisfazem plenamente?

18. Sexualmente, vivo satisfeito com os meus lábios, a minha língua e meus dedos?

19. Conheço bem o *sexo sexy,* zonas erógenas, *antitesões* e *corta-tesões?*

20. Na cama da alcova, entre 4 paredes, sou, sexualmente, *superdesinibido(a)?*

21. Potencializo meu tesão com filmes, revistas e outros *coadjuvantes eróticos?*

22. Após as *sessões orgásticas,* eu sempre me alimento bem e durmo tranqüilo?

23. Minha sexualidade ajuda, de fato, o meu trabalho profissional? E vice-versa?

24. Sou, ou não, tão-só um *objeto de luxúria* que sofre freqüentes *ressacas sexuais?*

25. Minha *sexualidade ativa* corresponde ao nível de minhas bioenergias? Tenho controle sobre minhas energias sexochacrais?

26. Minha energia e o meu *holopensene sexual* são de fato positivos? Para todos?

27. Conheço bem o meu *sexochacra* básico e o do (da) meu parceiro(a) sexual?

28. Minha sexualidade contribui na evolução de minha projetabilidade lúcida?

29. Há ainda autocorrupção em minhas *seduções holochacrais* no dia-a-dia?

30. Mantenho minhas *relações afetivas / sexuais* sempre estáveis? E desassediadoras?

31. Já consigo integrar a minha sexualidade ativa com o amor romântico mais puro?

32. Além do *orgasmo do sexossoma,* já consigo praticar, de fato, o holorgasmo?

33. Já consigo unir minha sexualidade ativa à cosmoética multidimensional vivida?

Na harmonia do sexossoma nasce
a homeostase do holossoma da conscin.

31. TESTE DO AUTODISCERNIMENTO POR SUAS POSIÇÕES

O seu posicionamento pessoal ou as tendências políticas do *Homo politicus,* através do mentalsoma, perante diversos temas polêmicos, aponta o nível do seu senso de discernimento consciencial e a sua maturidade integral (holomaturidade).

Tudo tem *método,* até a loucura e o caos.

Até para se evitar o espirro existe uma técnica específica e melhor.

Eis 11 teses, muito controvertidas na Socin, em seus segmentos principais e posições de discernimento, sem ortodoxias nem paixões, a respeito de cada uma, sendo o escore final de 8 a favor, e 3 apenas contra:

1. **Aborto:** a favor em muitos contextos, inclusive em caso de estupro. Deve-se enfatizar mais a profilaxia do aborto através da higiene física e mental.

2. **Casais não casados:** a favor. Se não há filhos, não é necessário o casamento dentro da liberalidade e permissividade sociocultural do sexo, hoje, em muitas Socins.

3. **Censura:** sempre *contra* qualquer tipo generalizado que delimite a liberdade de expressão sadia, seja política, científica, artística ou esportiva.

4. **Divórcio:** a favor na maioria dos casos. Há de se observar sempre o gravame da existência de filhos e os seus destinos. A população humana aumenta dia-a-dia.

5. **Ensino religioso:** sempre *contra* a oficialização nas escolas públicas em função da defesa das liberdades individuais. A projetabilidade lúcida, com o tempo da maturidade, dispensará a necessidade da religião para extenso segmento da Humanidade mais evoluída.

6. **Garantias individuais:** a favor, porque tais garantias estão acima dos interesses do Estado. Todo cidadão ou cidadã tem amplo direito de defesa, mas o bem comum deve prevalecer sobre os direitos personalistas. Eis aí uma regra da maxifraternidade.

7. **Homossexuais:** a favor, sem discriminações, com restrições a todos os excessos emocionais e sociais porventura advindos do homogenitalismo. A minoria dos homossexuais está, pouco a pouco, conquistando o seu espaço justo e devido na Socin.

8. **Jogo:** a favor, mas sem os excessos neuróticos e neurotizantes que se vêem por aí, desagregando a família e subvertendo a formação do indivíduo.

9. **Pena de morte:** sempre *contra* porque é um perigo, sejam quais forem os argumentos falaciosos apresentados em sua defesa. *O Homem em seu atual nível evolutivo, ainda não é um bom* ***juiz.*** De 1900 a 1992, só nos Estados Unidos da América, foram executadas 23 *pessoas inocentes,* apesar do trabalho técnico de juízes, advogados de defesa, promotores, jurados e *carrascos.*

10. **Planejamento familiar:** a favor, porque o espaço e a alimentação humana são limitadores dos instintos humanos animais. É inteligente cuidar-se quanto a certos métodos contraceptivos e interesses políticos, castradores, de minorias totalitárias.

11. **Reforma agrária:** a favor do direito à terra para todos, dentro dos limites que respeitem os direitos humanos de propriedade e de produtividade.

Por suas respostas, você pode checar satisfatoriamente o senso de discernimento do seu nível de maxiuniversalidade.

Questão:

Qual o seu posicionamento desapaixonado perante cada uma destas teses polêmicas?

Genialidade é polinteligência. Associação de idéias pode ser também visão de conjunto.

32. TESTE DA ROBÉXIS OU ROBOTIZAÇÃO EXISTENCIAL

Eis 7 causas da robéxis ou a condição da robotização existencial:

1. Ao viver, em média 75 anos em atividade material, através do soma ou corpo humano, a conscin acaba confundindo, nesse período de tempo, os seus interesses egocármicos com os interesses das conscins que a circunvolvem, ou os componentes do grupocarma – a ampliação do seu egocentrismo – através das *repressões,* no cantinho particular – a sua paróquia – do Esferóide Terra, onde passou a seriéxis.

2. A mistura de causas e efeitos, ações e reações holocármicas, percebidas geometricamente pelos órgãos das sensações e coordenadas pelo cérebro, imprime na consciência, via memórias e submemórias diversas, uma coleção peculiar de *condicionamentos,* ou opiniões consideradas *absolutas* – mitos e sacralizações – que, de fato, são tão-só *relativas.* Isso constitui o produto final das *lavagens* subcerebrais – a robéxis ou a condição da robotização existencial – a que fomos submetidos. Assim tornamo-nos *escravos da quadridimensionalidade,* ou robôs, zumbis, meio vivos ou semimortos.

3. Cada nova geração humana possui, de modo obrigatório, suas opiniões particularíssimas – o *background sociocultural* – que diferem, necessariamente, das opiniões da geração precedente e, freqüentemente, as contradizem, na qualidade do *Homo competitor.* Não se pode perder de vista essa realidade quando se quer estudar um período existencial contemporâneo e, sobretudo, quando se deseja planificar sobre a nossa auto-evolução, o futuro próximo, o policarma, a expansão do discernimento, a conquista da autoconscientização multidimensional e da holomaturidade.

4. A perspectiva impõe a cada personalidade as *rotinizações* – o acúmulo de hábitos personalíssimos – nascendo daí o *conservantismo* que, por fim, compõem os juízos pessoais, a nossa coerência crítica, autocrítica e heterocrítica. Custa-nos muito desfazer-nos dos hábitos *tolos* acumulados no dia-a-dia.

5. A fusão de juízos críticos com interesses materiais e morais, tanto pessoais quanto grupais, forma nossas opiniões sobre os semelhantes, a Humanidade, a cosmologia e as coisas de nossa época.

É muito difícil escapar à pressão per*manente da vida na Socin.* Mas você e eu sobreviveremos a todos os nossos problemas.

6. A perspectiva, específica à conscin vidente, funciona através do cristalino dos olhos. *O cérebro acaba raciocinando* sobre os fatos por intermédio das percepções exteriores, grosseiras ou superficiais. Não há omnivisão na vigília física.

7. Ao homem comum, de consciência *apenas quadridimensional,* sua época histórica se lhe apresenta nítida, qual dia ensolarado. Para ele, os detalhes têm mais importância do que o conjunto, em razão dos efeitos da perspectiva compulsoriamente restringida pela vida humana. Tudo o que esteja afastado do tempo presente parece-lhe irrelevante e tem caráter pejorativo. Eis por que a recuperação dos *cons* se impõe.

Questão:

Qual o seu esforço pessoal para fugir à robéxis?

Legiões de conscins se acomodam à condição de adeptas de uma religião tão-só por preguiça de pesquisar as verdades relativas de ponta.

33. TESTE DA SUA PRESENÇA INTRAFÍSICA

Neste contexto em que vivemos, *presença* é a existência vital e energética da sua consciência dentro do Universo Intrafísico, Humano ou troposférico.

Sua presença intrafísica precede o seu gesto, a sua palavra, e a sua comunicação interconsciencial, articulada, de qualquer espécie. Além disso, a energia consciencial dispensa o espaço e o tempo dentro dos princípios da multidimensionalidade.

O conscienciólogo há de viver com livre trânsito entre os *pensantes.*

Perde quem prioriza máquinas, ganha quem prioriza *seres humanos.*

Sua presença intrafísica já traz, em si, antes de suas manifestações práticas, avultado percentual de vitória ou de derrota em seus esforços e desempenhos evolutivos.

Sua energia consciencial é seu primeiro *cartão de visita.*

Sua energia consciencial ***chega antes*** *do seu soma.*

Ninguém pode menosprezar o *fator presencial* em qualquer manifestação na vida intrafísica.

Para quem vive fragilizado até a *gravata* é opressão.

Daí a importância de você avaliar a qualidade predominante da sua presença.

Eis uma listagem de 20 tipos de presenças intrafísicas para a sua auto-avaliação:

1. Sou uma presença intrafísica assistente-fecundante ou dissuasiva-depressora?
2. Catalisadora de alegrias ou um (uma) *desmancha-rodas sociais?*
3. Comum e de trato fácil ou rara e de trato problemático?
4. Cooperativa ou sempre ausente quanto ao *contexto grupocármico?*
5. Da primeira divisão ou da *segunda divisão de gente?*
6. Defensora ou invasora dos direitos conscienciais dos outros?
7. Definida e desafiadora ou reticente, *em cima do muro* e inconfiável?

8. Desejada e bem-vinda ou uma constrangedora *persona non grata?*

9. Doadora consciente de energias conscienciais? Ou drenadora inconsciente de energias conscienciais?

10. Facilmente abordável ou de difícil *acesso psicossocial?*

11. Francamente libertadora ou agressivamente obstrutiva?

12. Hospitaleira e cativante ou hostil e castradora?

13. Inarredavelmente notável ou definitivamente ausente?

14. Inesquecível e marcante ou indiscutivelmente sem sal, chocha ou insossa?

15. Intelectualmente brilhante ou psicologicamente apagada e apática?

16. Magneticamente positiva ou energeticamente ofuscada?

17. Ocupadora desejável, ou indesejável, de um espaço interconsciencial?

18. Sempre indicadora de bom humor espontâneo ou de um mau humor crônico?

19. Uma companhia enriquecedora ou mera testemunha intrusiva?

20. Visível e insinuante ou eclipsada e inexistente na vida prática?

Questão:

Em qual tipo você classifica a sua presença, na condição de personalidade humana, na maioria das circunstâncias sociais?

Toda presença humana significa presença de energia consciencial ativa, sempre, em qualquer lugar e momento.

34. TESTE DA HIGIDEZ DA SUA INTRAFISICALIDADE

Você vive com otimismo, amor, esperança, entusiasmo e alegria? Se não vive com estas características é porque não está aplicando bem a sua vida intrafísica.

O *ginossoma* domina no matriarcado e o *androssoma* domina no patriarcado.

A frente há um teste para você averiguar se está empregando bem o seu soma, ou o cérebro em sua vida intrafísica.

A desintegração de uma personalidade, condição humana evidente porque afeta os pensenes – pensamentos, sentimentos e reações energéticas – de certas pessoas na terceira idade, por exemplo, a partir dos 65 anos de idade física, os *veteranos da vida* (gerontes); pode ser caracterizada por 13 manifestações:

1. Alucinações ou percepções imaginárias (erros mentais).
2. Falta de apetite (inapetência ou anorexia nervosa).
3. Agitação nervosa com ansiedade, temor e tensão.
4. Delírios ou alienações mentais *(pesadelos acordados).*
5. Falta de fixação da atenção (desatenção ou atenção saltuária).
6. Confusão mental ou a ausência da concentração mental.
7. Dificuldades mnemônicas, memória cansada ou alterações cronicificadas da memória. *Os **arquétipos** podem ser tão-só meras submemórias da espécie.*
8. Insociabilidade ou *desligamento* pessoal quanto às pessoas e ao ambiente intrafísico (mesologia). As *doenças* (maioria) infantilizam o doente.
9. Insônia cronicificada ou dificuldade para conciliar o sono.
10. Sensação de vazio interior que leva à condição de inutilidade.
11. Falta de raciocínio lógico (elaboração caótica dos pensamentos) em razão da desativação de neurônios e conexões interneuroniais (sinapses).
12. Condição de negligência às prescrições médicas necessárias.

13. Regressão psicológica evidente (metamorfose retrógrada).

Se você apresenta, por exemplo, 4 destas condições listadas, em certos períodos, antes dos 65 anos de idade física, os fatos demonstram que você está deteriorando a sua vitalidade intrafísica, fora do seu tempo biológico natural, ou queimando *a vela da vida humana pelas 2 pontas.* Você precisa de tratamento consciencial, por exemplo, a reciclagem existencial (recéxis) oferecida pela consciencioterapia.

A projeciologia, parte prática da Conscienciologia, quebra a *rigidez mental* das pessoas e faculta a reciclagem existencial através de 2 reações pessoais muito positivas: autoconscientização da existência do próprio microuniverso consciencial; e a colocação da sua personalidade multidimensional em primeiro plano em seus interesses pessoais, sem alienação da sua vida intrafísica.

Questões:

Se você não usa bem o seu cérebro, como vai querer usar bem todo o seu corpo humano?
Se você não usa bem o seu soma, como vai querer usar bem os outros veículos de manifestação do seu holossoma?

Perseverança é inteligência.
Teimosia é obstupidez.

35. TESTE DA SUA CONSCIÊNCIA RESIDENCIAL

A casa, residência ou domicílio permanente (endereço legal), é a extensão do corpo humano ou soma, na existência intrafísica ou holochacral (seriéxis).

A *dessoma* não modifica a estrutura íntima do microuniverso consciencial.

Você pode estudar a conscienciometria, através da holossomática em confronto com a casa, apartamento ou fazenda, onde você, na condição de conscin, vive o dia-a-dia.

A casa intrafísica é a morada humana do soma.

O holossoma é a morada multidimensional da consciência em nosso atual nível evolutivo.

Cada cômodo, peça ou cubículo específico da casa, corresponde ao predomínio holopensênico ou bioenergético de um dos veículos conscienciais.

Analisemos 9 cômodos da casa (tipo padrão mínimo) em relação ao predomínio de cada um dos veículos conscienciais:

1. No quarto de dormir ou na alcova, predomina o *psicossoma* com a cama, a sexualidade ativa (sexossoma), o holochacra (energias conscienciais) e as emoções maiores de cada dia.

2. No seu banheiro predomina o *soma,* como um todo, envolvido com as compensações bioenergéticas (higiene e saúde) do holochacra.

3. Na dispensa, na cozinha, na copa, e na sala de jantar, predomina o *soma* envolvido pelo holochacra, especificamente pelo umbilicochacra.

4. No escritório (computador pessoal) e na biblioteca predomina o *mentalsoma,* o paracorpo do discernimento, componente nobre do holossoma. Há conscins com a consciência lúcida das bibliotecas. O dicionário é o *fiel escudeiro* do leitor lúcido.

5. No quarto afastado – sem hóspedes – por exemplo, predomina o *holochacra,* a base física e a tenepes para quem executa a tarefa energética pessoal ou instala o *projetarium, retrocognitarium* ou *pre-*

cognitarium. Deste ponto do domicílio, se elevam os alicerces multidimensionais da ofiex, para quem atua na condição de epicon. Este cômodo, aparentemente secundário, pode ser o mais relevante para a evolução consciencial.

6. Na sala de visitas, ou no *living room* – o cômodo mais versátil da casa – predomina a comunicabilidade interconsciencial (telefone, interfone, TV, rádio, por exemplo), atuando em conjunto o *holochacra, psicossoma* e *mentalsoma* (grupocarma).

7. Na varanda – uma das molduras da casa – predominam as energias conscienciais da aura *(holochacra),* antecâmara do holossoma.

8. No jardim (jardim de inverno, jardineiras) e no quintal, predominam o *psicossoma* e *holochacra,* a emoção expressa através das plantas e flores (Botânica).

9. Na garagem predomina o *soma* porque o carro (Tecnologia) é a extensão das pernas do ser humano, característica do viandante, nômade ou *Homo viator.*

Questões:

Você emprega corretamente os seus domicílios com vivências autoconscientes? Em qual cômodo da moradia predomina a sua *presença pensênica?*

***Até o* material de limpeza,**
se passa da conta, suja.

36. TESTE DAS ETAPAS DA SUA VIDA HUMANA

Antes da vida humana estar programada nos genes (Genética), está predeterminada, *em parte,* pela proéxis, através da Paragenética.

As etapas evolutivas da existência holochacral da conscin (consciência intrafísica) na Socin (Sociedade Intrafísica), são bem demarcadas, por exemplo, estas 9, quanto ao soma, no tempo e na execução da proéxis:

1. A *conscin-fetal* ou da vida intra-uterina, que está para nascer na troposfera da Terra. Aqui ocorre a amência consciencial *fisiológica,* entre a condição em trânsito da consciex para a condição de *conscin madura.*

2. A *conscin* em suas primeiras 24 horas terrestres (bebê), quando entra na legalização da sua condição de cidadão (ou cidadã), elemento recém-egresso na Socin. O estado do restringimento consciencial intrafísico se completa e se firma aqui.

3. A *conscin,* homem ou mulher, até os 2 anos de idade.

4. A *conscin-criança* depois dos 2 até os 13 anos de idade, início fisiológico da adolescência. Dos 2 aos 5 anos de idade, é um período crítico da aquisição de conhecimentos. Os efeitos do curso intermissivo primário ou avançado surgem aqui.

5. A *conscin* (o menor, a menor) no período legal da menoridade, depois dos 13 até os 18 anos de idade. Fase típica da fixação da conscin na sua proéxis.

6. A *conscin* depois dos 18 até os 26 anos de idade (adulto), quando completa a maturidade fisiológica ou biológica do soma. Este é o período intrafísico ideal para a conscin terminar o *porão consciencial* e começar a invéxis.

7. A *conscin* na fase preparatória da sua vida humana, em média até os 35 anos de idade. A escolaridade formal atua justamente neste período. Já a escolaridade autodidática segue pela vida humana afora até a dessoma, ou a desativação somática. *A **automotivação** promove a catálise da vontade inquebrantável.*

8. A *conscin* na fase executiva nesta dimensão, em média depois dos 36 até os 70 anos de idade. Aqui ocorrem: a recuperação máxima dos cons; o compléxis, ou completismo existencial, para as conscins evolutivamente eficientes; e as moréxis, ou moratórias existenciais, a menor (deficitária; minimoréxis) e a maior (positiva; superavitária; maximoréxis). A terceira idade fisiológica – os gerontes ou veteranos da vida – tem início, consciencialmente, aos 65 (1997).

9. A *conscin* depois dos 70 anos de idade quando (*se*) não mais mantém vida ativa e já cumpriu, ou deixou de cumprir, o essencial das cláusulas da proéxis. Aqui ocorrem: a melin, *mel*ancolia *in*trafísica ou *pré-mortem;* ou a euforin, *eufor*ia *in*trafísica ou *pré-mortem,* antes da dessoma, primeira morte ou projeção consciente final.

Por aí, você pode constatar uma das diferenças fundamentais entre as conscins e posicionar exatamente a sua condição cronológica na vida intrafísica.

Questões:

Onde você se situa neste quadro?
Em que nível em relação à proéxis?

Quem aproveita cosmoeticamente esta* vida *atual, é bem admitido na próxima em condições melhores.

37. TESTE DA SUA CONSCIÊNCIA ESPACIAL

1. Você vive com as idéias em um labirinto? A mentalidade aconchegante da pessoa insegura, a regressão à infância animal e o porão da consciência são uterinos, frutos do *subcérebro abdominal,* acanhados, de vistas curtas, mente estreita ou excessivamente intrafísicos, anticonscienciais, no contrafluxo da evolução planificada.

2. O espaço ampliado aponta o universalismo e o espaço intergaláctico. Exige muito mais segurança e maturidade para serem usufruídos. São mais extrafísicos, pró-conscienciais, da Para-humanidade, cidadania cósmica ou Sociex.

3. O encontro de 2 pessoas em um salão deserto, construído para comportar 200 ouvintes confortavelmente sentados, permite a visão mais adiante e a conciencialidade mais ampla.

4. O líder de vistas largas, no exercício do seu mandato público, ao despachar em espaços amplos, não sentirá tanto a *solidão do poder.*

5. A trincheira, a solitária, a *torre de marfim* e a vida *indoors* ou quadridimensional (biofilia) amarram a consciência ao egocentrismo (infância) e incrementam a condição afuniladora do restringimento intrafísico que inibe a maxifraternidade.

6. O espaço intrafísico ampliado, a vida *outdoors* e o exercício das *energias conscienciais sem muros* impelem a consciência à vivência multidimensional lúcida.

7. A concentração dos pensamentos em um espaço intrafísico *reduzido*, predispõe o confinamento das idéias em guetos – o holopensene fossilizador do umbigo – em um presente sem futuro, constituído só do passado conservantista e bolorento.

8. A concentração dos pensamentos em um espaço intrafísico *ampliado,* predispõe as idéias do abertismo consciencial para as outras dimensões, os chamados *hiperespaços conscienciais,* a queda das fronteiras de todos os tipos, o futuro-presente.

9. A aquisição da *cosmoconsciência* pede espaço para as vistas humanas míopes. A abertura dos espaços intrafísicos predispõe a abertura dos espaços intraconscienciais. O projetor consciente deixa o quarto de

dormir para a ofiex, ou oficina extrafísica, multidimensional ou *megacosmopolita.*

10. Os 4 aumentos: população humana; ocupação dos espaços habitáveis; poluição atmosférica; e competição econômica acirrada entre pessoas e instituições; pioram, por enquanto, as possibilidades de a conscin partir abertamente para a mente *omnilateral,* a maxifraternidade, a cidadania universal, o universalismo puro, a multidimensionalidade, a cosmoética e a condição pessoal da cosmoconsciência.

11. O mais inteligente para reciclar a vida é ampliar os espaços intrafísicos pessoais. Fugir ao *mundinho* geocêntrico, somatocêntrico, *cerebrocêntrico,* egocêntrico, abdominal.

Será irracionalidade confundir o *cidadão do cosmos,* referido aqui, com o *viajante perpétuo (perpetual traveler),* o grande fugitivo anticosmoético de impostos.

Questão:

O espaço intrafísico ampliado
põe o seu cérebro pensando grande?

Evoluir *é sair da* trincheira do abdome,
abrindo-se para a vastidão do Cosmos.

38. TESTE DA SUA CONSCIÊNCIA TEMPORAL

1. Eis, à frente, 2 testes ou sínteses de reflexão quanto ao tempo e à lógica.

2. Há um tempo de discernimento maior e coerência lógica para todos.

3. Na evolução da consciência encontramos a maturidade integrada assumida no tempo exato. *Omnia tempus habent.*

4. Há um tempo ideal, único, para a maturidade maior se expressar plenamente, sem traumas para ninguém. Atuam, aqui, 2 unidades entrosadas: a *hora-coerência,* por unidade do tempo evolutivo; e a *lógica-discernimento,* por unidade da maturidade da consciência em seu *espaço interior* (microuniverso íntimo).

5. Quanto ao tempo cronológico, em si, vemos que a *hora* é em cima da hora. *Antes* da hora não é a hora. *Depois* da hora não é a hora. A hora é exatamente *em cima* da hora. Isso é um fato praticamente matemático (ou primário, aritmético).

6. A pontualidade em geral é indício de coerência da conscin lúcida.

7. Quanto à maturidade consciencial, em si, vemos que a *lógica* é em cima da lógica, ou seja, em sua estrutura de expressão. *Abaixo* da lógica não há lógica. *Acima* da lógica não há lógica. Há maturidade consciencial só e exatamente *dentro* da estrutura da própria lógica.

8. Indo mais adiante em nossos raciocínios, vemos que a lógica, por sua vez, se expressa com o discernimento maior da consciência exatamente *em cima* da hora evolutiva *madura. Toda* ***impulsividade*** *pode gerar atos abortivos espúrios.*

9. Catequeses, doutrinações, aliciamentos, atalhos, queimas de etapas e precipitações trazem inevitáveis contrariedades, frustrações ou mutações teratológicas.

10. Não adianta forçar o fruto imaturo, ainda não plenamente desenvolvido em sua constituição e nem estruturado completamente em suas partes.

11. Há 2 experimentos diferentes e não simultâneos para a consciência: o tempo de semear e o tempo de colher. Só depois das *auto-se-*

menteiras, podem sobrevir as *autocolheitas.* Tudo isso depende de motivação e muito esforço pessoal.

12. Acima de tudo, predominam sempre o esforço, a organização e a dedicação às *performances.* Não adianta forçar o desempenho consciencial magno que nasce naturalmente, por automotivação, sem sacrifícios.

13. Na inseparabilidade e interdependência de nossas vidas, estas ponderações racionais podem ser válidas para a expansão qualitativa da pensenidade.

14. Sem reflexões desta natureza, será difícil entender, conviver em paz e solucionar com sabedoria, o conflito íntimo, ou o *megaparadoxo* existente entre personalismo, elitismo, e a massificação quanto às verdades relativas de ponta. A saída do ego do egocarma para a condição madura do policarma é complexa.

15. Só a perseverança pode impulsionar a agilização da evolução não egoística rumo à condição do serenismo.

Questão:

Estas reflexões sobre a consciência temporal estão claras e lógicas para você?

O pior* mercantilismo *é o relativo aos frutos do mentalsoma.

39. TESTE DA SUA CONSCIÊNCIA PACIFISTA

A Socin é composta pela Humanidade, da qual, nós, consciências intrafísicas, somos os seus membros titulares, parcial ou individualmente responsáveis.

A mesma Socin está na Pré-História do Serenismo, em função, notadamente, do vício armamentista ou da geolatria belicista, que geram a cultura do fratricídio dentro da civilização ainda *necrófaga.* Contudo, agora vem ocorrendo a mundialização da *economia.*

A Humanidade vem gastando em armas, ano após ano, em seus complexos transnacionais-industriais-militares, os recursos que são necessários, e plenamente suficientes, para acabar completamente com a miséria e a fome neste Planeta.

Basta analisar os dados divulgados pela Organização das Nações Unidas (ONU), na década de 80, sobre o preço social da corrida armamentista criada sob *pressão holopensênica doentia.*

As Socins na Terra continuam a gastar 750 *bi*lhões de dólares por ano em armamentos, em vez de investir em alimentos, saúde pública, habitação e educação.

Vejamos 9 comparações ou eqüivalências quanto às despesas:

1. No setor de alimentação, 1 carro Urutu, de fabricação brasileira, tem o valor de 1 *mi*lhão de litros de leite. A *verdade* dos fatos não admite maquilagem.

2. No setor da educação, gasta-se, por ano, na formação de 1 soldado, 60 vezes mais que o necessário para educar uma criança, a vida humana toda.

3. No setor de educação, 1 míssil Roland eqüivale ao dispêndio para a construção de 15 escolas rurais modernas. Educação é libertação.

4. Ainda no setor da educação, 1 submarino Trident é igual ao gasto anual com a educação de 16 *mi*lhões de crianças em países em desenvolvimento.

5. No setor da habitação, 1 fragata eqüivale a 83.333 casas populares para as pessoas sem teto. A ausência de *justiça formal* corrói tudo em uma Socin.

6. No setor da saúde, os custos de 1 avião Mirage dariam para pagar a construção de 11 hospitais, bem-equipados, de 70 leitos. Sabão é civilização.

7. No setor da melhoria da urbanização, 1 míssil Exocet corresponde aos gastos para a construção de 2 quilômetros de estrada asfaltada.

8. As armas nucleares existentes na Terra dão para eliminar a vida por aqui cerca de 100 vezes, ou seja: 100 *megagenocídios* totais.

9. Em todo Planeta, calcula-se que 20% dos cientistas convencionais dedicam trabalho e talento ao aperfeiçoamento das técnicas para matar seres humanos. Isso ainda ocorria em 1994. Que ciência é essa? Afinal, *scientia maximum vitae decus* e a *scientia nobilitat.* Será que existe alguma coisa absurda no *campo das idéias?*

Questão:

O que a sua consciência de *Homo pacificus* tem feito, lógica e civilizadamente, em favor da luta evolutiva pelo desarmamento mundial?

Quem vai à guerra vai lutar
pelo *complexo industrial-militar.*

40. TESTE DOS 25 ENGODOS DA SOCIN

A dissimulação intencional, a trapaça, o ardil, ou o comportamento enganoso de fazer passar uma intenção, obra ou objeto por outro, sejam antigos ou modernos, honestos e desonestos, evidenciam a relação imensa dos engodos humanos, as insensatezes das pessoas, ou o nível da imaturidade evolutiva de nossas consciências.

Eis 25 engodos humanos, simples e complexos, como exemplos; os "carrascos" responsáveis *versus* suas vítimas, sobre os quais vale o esforço de nossas reflexões, a fim de obtermos maior maturidade consciencial e socorrer a Socin:

1. **Armadilha:** *animal humano* (caçador) X animais subumanos (vítimas de arapucas).
2. **Bilhete premiado:** malandro urbano marginal X *otário* interiorano, forasteiro e ganancioso.
3. **Cavalo de madeira:** gregos ladinos X troianos ingênuos (episódio da História Humana).
4. **Cenoura:** jóquei X potranca (durante o aprendizado inicial para participar das corridas de cavalos).
5. **Chupeta:** *mãezinha* X *filhinho (primeiro engodo* prático na existência intrafísica de todos nós).
6. **Demagogia:** candidato político X eleitores ingênuos (promessas de condidato, um *engodo universal).*
7. **Espantalho:** agricultor X pássaros famintos, intrusos.
8. **Falsa doença** (patomimia): empregado simulador X *médico* responsável.
9. **Falso ovo indez:** fazendeiro X galinha poedeira.
10. **Fraude:** médium (ou sensitivo) mistificador X experimentador parapsíquico inexperiente.
11. **Fundo falso:** ilusionista (ou mágico) X espectadores basbaques.
12. **Hímen fabricado a bisturi:** falsa virgem X homem apaixonado antiquado.

13. **Hipnose:** hipnólogo X sensitivos, homens e mulheres sugestionáveis.

14. **Imprensa *marrom:*** jornalista quando marginal X leitores quando incautos.

15. **Infalibilidade:** papa dogmático, ortodoxo, fundamentalista X devotos fiéis e cegos (massa humana impensante).

16. **Isca artificial:** pescador (animal humano) X peixes (vítimas subumanas).

17. **Naco de queijo:** dona de casa X ratos (ratoeira).

18. **Osso artificial:** dono (animal humano) X cão de estimação (animal subumano).

19. **Placebo:** *médico* recebedor de honorários X pacientes pagantes dos honorários.

20. **Produto impróprio:** dono da fábrica anticosmoético *("tubarão")* X consumidores inexperientes.

21. **Pseudônimo:** autor (às vezes, covarde) X leitores (às vezes, ignorantes e ingênuos).

22. **Salvacionismo:** religiosos profissionais espertalhões X fiéis e crentes ingênuos (indulgências e emolumentos).

23. **Televisão em 1997:** produtor responsável e mercantilista X vidiotas viciados de várias idades físicas.

24. **Trucagem:** cineasta técnico X espectadores tradicionais.

25. **Visco:** menino *(filhote de animal humano)* X passarinhos (animais subumanos).

Questões:

Com quais destes engodos você ainda *vitimiza* ou é vitimizado? Como está a sua consciência perante os exemplos de engodos citados aqui?

Há retrotrafares iguais a* coprólitos de dinossauro: *existem e ainda pesam.

41. TESTE DA ECONOMICIDADE OU GERÊNCIA ECONÔMICA

1. *Educação* é sobrevivência. O que é melhor para a sua consciência: o sucesso temporário na vida humana ou o êxito na evolução consciencial mais permanente?

2. Toda pessoa humana, ou física, precisa de dinheiro para sobreviver. Esta é condição intrafísica da economia inevitável. Para muitos pré-serenões e pré-serenonas, a maior *prova de fogo* consciencial, em nosso atual nível evolutivo é se alcançar o sucesso fugaz, na Socin patológica, dentro das *vidas listadas como verbetes* nas páginas das enciclopédias internacionais. Na nova ordem mundial *(mundialização),* o confronto militar cede lugar ao confronto econômico. Este fato é um passo evolutivo da Socin.

3. Do ponto de vista tão-só intrafísico, calculava-se, em 1991, que qualquer cidadão – no caso, o *Homo œconomicus* – capaz de amealhar 2 milhões de dólares poderia parar de trabalhar e viver bem, materialmente, pelo resto da sua existência humana.

4. A fórmula da sobrevivência prática, ou independência econômico-financeira, neste ponto, é separar a metade desse dinheiro e guardá-la em um banco suíço (ou de outro país mais seguro) para *engordar com juros,* observando todos os trâmites legais.

5. Com a outra metade da fortuna, é possível adquirir uma residência confortável, em qualquer parte do mundo atual, comprar um carro do ano e levar a vida *fidalgamente,* em ritmo de *férias permanentes,* ou no *dolce far niente.*

6. Pouco + pouco + pouco = muito. Uma pessoa jovem, antes dos 30 anos de idade, nessa condição capitalista, não chega a ter *uma dinheirama brava* nem *status* de potentado econômico, mas poderia se aposentar imediatamente e garantir um padrão de vida confortável por décadas. Isso acontece, por exemplo, com *artistas-faturadores* de sucesso, que oferecem a si mesmos como mercadorias à venda.

7. Neste caso, a pessoa bem sucedida, ou privilegiada, que não chega a dirigir um *império econômico* na *plutocracia,* elimina as preocupações maiores com a sua sobrevivência física, mas em geral torna-se,

sem saber, *reservista das dimensões doentias,* ***pós****-somáticas,* ou dimensões extrafísicas de consciexes sem maior evolução.

8. Desta forma, o ser social de sucesso sai-se muito bem aqui, na vigília física transitória, por enquanto, a fim de viver, não raro, em péssimas condições proximamente. Vale a pena? Será o mais inteligente? O que fazemos e quais os interesses máximos, prioritários, em nosso *hoje?*

9. Viemos à vida humana para servir evolutivamente uns aos outros. Esta é a *condição prioritária* e de discernimento maior quanto à evolução consciencial. Ninguém desponta neste Planeta-escola para viver tão-somente em férias contínuas.

10. Em um teste cosmoético, o senso de discernimento pessoal virá embutido nas respostas às perguntas feitas aqui.

Questão:

O que você tem feito com os cifrões inevitáveis:
objetiva as páginas das enciclopédias humanas ou a sua ficha evolutiva consciencial?

O que você ou eu buscarmos,
sempre vamos alcançar.

42. TESTE DO SEU ESTILO DE VIDA

Em 1983, uma pesquisa da agência Leo Burnett Publicidade sobre os estilos de vida dos *brasileiros,* entrevistou 1.500 pessoas das classes sociais A, B e C, na Grande São Paulo, que apontou indícios de nossa real situação de pessoas humanas, na qualidade de consumidores, alvos das mensagens publicitárias.

Da investigação esboçante, psicológica e sociológica, da população, destacaram-se 9 tipos predominantes, ou *perfis,* 5 mulheres e 4 homens:

1. Mulher *contestadora.* Entre 18 e 29 anos de idade. Solteira. Trabalha e estuda. Devora livros em voga. Acha o casamento ultrapassado. Defende o aborto. Interessa-se por política. Vive com os pais e cria muitos atritos com eles.

2. Mulher *consumista* e frívola. Entre 18 e 59 anos de idade. Vaidosa. Fantasista. Ávida por *status.* Consumidora voraz. Muito influenciada pela propaganda. *Vidiota* ou telemaníaca. Superficial. Alheia aos problemas dos outros. Está no mundo intrafísico para tirar proveito dele. Nunca pensa em trabalhar fora. Acredita que o dinheiro dá felicidade. Faz tudo para chamar a atenção onde está.

3. Mulher *otimista.* Entre 25 e 39 anos de idade. Simplória. Tem filhos, pouca instrução. Orçamento doméstico pequeno. Jamais sai à rua desarrumada.

4. Mulher rica e *racional.* Acima dos 40 anos de idade. Situação econômica privilegiada. Alto nível de escolaridade. Lê muito. Vai ao teatro. Atenta para a formação cultural dos filhos. Escolhe cuidadosamente o que compra.

5. Mulher *de verdade* (Amélia). Acima dos 40 anos de idade. Baixo poder aquisitivo. Nível cultural muito baixo. Dona-de-casa sacrificada. Puritana. Seu mundo termina na porta de casa. O tipo mais comum de mulher, no Brasil, ainda hoje (1997).

6. Homem *esportivo.* Entre 18 e 29 anos de idade. Solteiro. Estuda e trabalha. Vive com os pais. Gosta de esportes. Tem muitos amigos e amigas. Acampa. Permissivo quanto ao sexo. Procura vestir-se rigorosamente na moda.

7. Homem: *bom marido*. Entre 18 e 59 anos de idade. Conservador. Caseiro. Pai compreensivo e dedicado. Cuida das crianças. Conserta tudo em casa (Faz-tudo). Pratica esportes. Gosta de livros. Alimenta-se com moderação.

8. Homem *bem sucedido*. Entre 30 e 44 anos de idade. Executivo. Excelente poder aquisitivo. Trabalha muito. Freqüenta restaurantes. Bem informado.

9. Homem: *pai quadrado* (Marido da Amélia). Acima dos 40 anos de idade. Chefe de família antiquado. Tímido. Ingênuo. Baixo poder aquisitivo. Vive obcecado pelo medo de endividar-se. Sente-se derrotado. Sofre o *choque do futuro* (neofobia). Não se interessa por livros. Reprova os jovens. Tipo mais comum de homem hoje.

Veja o que você pode fazer a fim de melhorar a execução da sua proéxis, além destes protótipos.

Questões:

Você se enquadra em 1 destes retratos clássicos da Socin?
Julga já ser tempo de mudar?

O** estilo **é a assinatura pensênica (grafopensene) do autor, um produto da sua paragenética.

43. TESTE DA SUA CONSCIÊNCIA POLÍTICA

1. Segundo os politicólogos, ou os cientistas políticos, a democracia – como sistema político – não tem hoje sérios competidores ideológicos e, por isso, espera-se que seja espalhada e implantada por toda a Terra.

2. Por outro lado, a democracia se apresenta como o arranjo político mais adaptado ao desenvolvimento do capitalismo que, por sua vez, é o sistema econômico mais capaz de satisfazer às necessidades materiais da conscin, em sua condição de restringimento intrafísico, em nosso atual nível evolutivo.

3. *A democracia liberal pode ser o primeiro passo para a* ***maxifraternidade.*** É um sistema que pode atender ao desejo dos seres sociais de reconhecimento mútuo.

4. O descontentamento com o reconhecimento falho que vigorava nas sociedades (Socins) aristocráticas gerou a contradição que engendrou novos estágios da História Humana, segundo os líderes da Ciência Política.

5. Contudo, as mais estáveis democracias atuais não estão isentas de injustiças e problemas sociais. Constata-se isso, facilmente, lendo os jornais diários.

6. Em tempo algum, como agora (1997), a concentração de poder econômico, tecnológico, militar e político foi tão forte e manifesta entre os Estados ou Nações.

7. Jamais a distância entre as grandes potências e o resto do mundo foi tão grande, e sem nenhuma perspectiva de parar de crescer, até o momento. No capitalismo, há priorização do *lucro* (E.U.A.) ou da *produção* (Japão), uma expressiva novidade.

8. A diferença entre os padrões de vida intrafísica europeus, em relação aos padrões de vida chineses e indianos, aumentou em uma proporção de 40:1 para 70:1, apenas entre 1965 e 1990, segundo as estatísticas mais confiáveis.

9. Na década de 80, mais de 800 *mi*lhões de pessoas – mais do que as populações da Comunidade Européia, Japão e E.U.A. somadas –

tornaram-se mais profundamente pobres. População mundial, em 1992: 5 *bi*lhões e 500 *mi*lhões de pessoas.

10. Por enquanto, há pouca perspectiva de existir qualquer possibilidade real de o segundo e o terceiro mundos reproduzirem os modelos atuais de consumo do primeiro. Atuam aqui as influências grupocármicas nas coletividades mais amplas.

11. O *estilo de vida* das nações capitalistas ricas pode ser chamado de riqueza oligárquica, pois sua existência depende da restrição a certa minoria de conscins.

12. Apesar do exposto, ocorre, hoje, o debilitamento dos sistemas políticos democráticos, em que a apatia e o cinismo tendem a predominar entre eleitorados descrentes e passivos, cada vez mais distantes dos mecanismos de poder, mais privatizados e desinformados. Este quadro traz como conseqüências: a crise dos partidos; problemas na participação política; e o aumento das abstenções nas eleições em geral.

Questões:

Como você reage a estas considerações?
Qual a sua opinião sobre cada um destes temas?

Perguntar *é expor-se.*
O ato de responder também.

44. TESTE DA SUA MELODIA DO FUTURO

Nem todas as pessoas vivem alertas contra os excessos da Socin, o *controle eletrônico* da sua vida. Eis 30 perguntas a você:

1. Você adora a Sociedade Industrial Moderna sem fazer quaisquer restrições?

2. O Estado se insurge contra as suas liberdades pessoais de modo claro ou sutil?

3. Os fatos são de proporções inquietantes e você já protestou quanto a isso?

4. O seu Estado se assemelha ao Estado-benfeitor, paternalista, que tudo resolve?

5. Existe por aí um *Grande Irmão* sábio, atuante e todo-poderoso sobre você?

6. Você reconhece que ele tudo vê e tudo sabe a respeito de todas as conscins?

7. Há uma vasta rede de computadores espalhada por toda parte onde você vai?

8. A população de que você faz parte vive sempre fichada e vigiada o tempo todo?

9. Todas as atividades cotidianas são constantemente observadas pelo Estado?

10. As novas gerações estão sendo sacrificadas por tantas investigações pessoais?

11. Toda a vida intrafísica, em torno de você, está de fato examinada e programada?

12. Existe atuando uma gigantesca rede ou alguma teia de aranha informática?

13. Você vive convencido de que essa rede está fortemente entretecida ao seu redor?

14. Há câmeras de TV por onde você vai e até em pleno centro da sua cidade?

15. Essas câmeras de TV são eficientes e funcionam, de fato, 24 horas por dia?

16. Há pedidos legais e justificativas para a instalação de mais câmeras de TV?

17. Existe alta vigilância eletrônica em todas as ruas e locais por onde você passa?

18. Na qualidade de transeunte ou pedestre, você é seguido por alguma câmera?

19. Porventura há uma câmera também em seu banheiro?

20. Conhece, em sua família ou fora dela, algum robô humano satisfeito (robéxis)?

21. Conhece quem já é um débil mental alerta em alguma das áreas da Informática?

22. Este intercâmbio onipresente de dados é apenas uma paranóia da Informática?

23. Há linhas magnéticas cifradas funcionando nas placas do seu próprio automóvel?

24. Você vê polígrafos decifradores ligados a computadores?

25. O Estado detecta fácil todos os dados da sua pessoa?

26. O voraz Computador Fiscal (CF) vem cooperando com a eficiência da Polícia?

27. O Serviço de Inspeção de Informática (SII) do país é hoje muito mais poderoso?

28. O apetite de informações sobre os cidadãos está realmente crescendo todo dia?

29. Acha que o Estado trazendo a sua vida já programada vale a pena e é útil?

30. O barulhinho do teclado do terminal do computador é a sua melodia do futuro?

Se respondeu *sim* a apenas 10 destas 30 perguntas, o Estado controla você. Tudo o que está apontado acima começa a partir de 10 legendas bem simples: "Aperte a campainha"; "É proibida a entrada"; "Espere a sua vez"; "Estacionamento proibido"; "Limpe os pés"; "Não entre sem bater"; "Não fale com o motorista"; "Não pise a grama"; "Pague primeiro"; "Silêncio".

Questão:

A era da escravidão já passou?

45. TESTE DAS ENERGIAS CONSCIENCIAIS NOCIVAS

Através de 10 ocorrências afins, o mesmo denominador comum – os efeitos nocivos qualitativos e/ou quantitativos das energias conscienciais – você pode testar, por exclusão, a *excelência*, ou, diretamente, a *nocividade* (patologia) de suas energias conscienciais:

1. O fato de que as doenças podem ser contraídas através das exteriorizações energéticas com intenções terapêuticas, ou por intermédio da assim, ou assimilação simpática, empregada em acoplamentos áuricos, paradiagnósticos, e terapias alternativas, não ortodoxas. A pessoa, aí, passa da condição de *curador* para a de *assimilador* da doença. *O estado vibracional profilático evita a assim doentia* ***(autoprofilaxia).***

2. A ingerência da consciência interceptadora, quando existente, entre o *emissor* e o *receptor* humanos nos fenômenos de *telepatia.*

3. A existência da bioenergia negativa daquele indivíduo que faz as plantas murcharem e fenecerem, chamado portador de *dedos marrons,* em contraposição às pessoas de *dedos verdes,* cujas plantas crescem fortes, viçosas e saudáveis em suas mãos (fenômeno da revitalização). Toda planta cria *proto*pensenes.

4. A supressão ou *suspensão,* temporária ou definitiva, ou mesmo o declínio, e até a *extinção* para o resto da vida intrafísica, de variados gêneros de fenômenos do parapsiquismo autêntico *(trancamento da mediunidade).*

5. O período de *recesso* ou o bloqueio, na prática, na produção das experiências de projeções conscienciais, lúcidas, humanas.

6. A atuação de fatores perturbadores sobre os fenômenos parapsíquicos de efeitos físicos, ou as chamadas ectoplasmias, tais como, por exemplo, a luz direta ou o *olhar* do próprio observador-pesquisador *(mau olhado; olho gordo; seca pimenteira).*

7. O surgimento da chamada condição da *prancheta morta* devido à incompatibilidade de energias conscienciais, ou de poderes no grupo intra e extrafísico de pesquisas parapsíquicas. A *consciex assediadora* sofre a perda da matéria-energia do soma.

8. A influência da *pessoa esterilizante,* sensitivo ao avesso, ou psi-bloqueador, criador do *estado antitranse,* que impede a produção do fenômeno parapsíquico de efeitos físicos quando *em sua* presença e tão-só *por sua* presença física.

9. A ausência de percepção extra-sensorial e efeitos físicos com bases parapsíquicas, efeito reverso, *psi* nulo, ou *psi-missing.* Neste caso constitui uma atuação ou escore significativamente *pior* do que a chamada *sorte.*

10. A condição opositora do mentalista contrário, ou do rezador de *preces negativas,* que influi na velocidade, na intensidade e no vigor do crescimento dos vegetais, que acabam escuros e murchos, nos experimentos bioenergéticos do crescimento de sementes e plantas. O cérebro *deve ser* a sede de nossas emoções sempre.

Questão:

Depois destas considerações, vale a pena checar as suas energias conscienciais?

A gestação humana atinge mais à mulher;
a* gestação consciencial, *ao
homem e à mulher de modo igual.

46. TESTE DA SUA CONSCIÊNCIA DEFENSIVA

1. *Este Planeta, ao invés de se chamar Terra, deveria se chamar Água.*

2. Na superfície da Terra, onde se desenvolve a vida humana, predomina a água. Aí há 3 vezes mais água do que terra ou chão, onde podemos pisar.

3. O corpo humano tem 80% de seus componentes, sistemas, órgãos e células derivados da água, ou do H^2O. A rigor, 65% do soma é só água.

4. A água tem o oxigênio, o sustento do Homem, em sua composição.

5. A água é, portanto, um auxílio primário, vital e inarredável, para mim, para você, e para todos os seres intrafísicos.

6. No entanto, todo remédio aliviador pode ser veneno. Até a água, mantenedora da vida, pode criar problemas seríssimos, gerar distúrbios e até matar.

7. Eis 10 problemas com a água: água parada, enxurrada, granizo, inundação, maremoto, nevasca, pântano, ressaca marítima, tempestade, tromba d'água.

8. Por isso, criamos múltiplas defesas artificiais contra a água.

9. Vejamos 10 defesas somente relativas às águas das chuvas: boeiro, canalização de água, capa de chuva, esgoto pluvial, galocha, guarda-chuva, janela bem fechada ou calafetada, limpador de pára-brisas, marquise de edifício, e valeta para escoamento. Contudo, *mare proluit omnis.*

10. Por outro lado, a consciência, sendo mais do que energia, não renascemos na vida intrafísica de modo direto, mas apenas de modo indireto.

11. A rigor, vivemos uma existência mais direta e íntima com o holochacra e o psicossoma, e não com o soma.

12. Em resumo: temos uma vida intrafísica puramente energética.

13. Tanto a água quanto toda a matéria do soma são inteiramente derivadas da energia imanente, essencial e multímoda.

14. Daí por que, muito mais relevante do que a água, a energia imanente, acessível por toda parte, um auxílio onipresente, também pode acarretar enormes bloqueios, descompensações, distúrbios e doenças em mim, em você, e em todas as conscins despreparadas e vulneráveis. As *formigas* não aprendem praticamente nada ao longo de uma vida. Estão *inteiramente* programadas ao nascerem. Eu e você, não somos assim.

15. O que faz para viver sadia e produtivamente com as energias conscienciais, tanto as suas quanto as dos outros (conscins e consciexes), derivadas da energia imanente?

16. Você sabe empregar *capa de energia, esgoto de energia* ou *limpador de energia* em suas autodefesas contra as *chuvas de energias conscienciais* que invadem você, em qualquer lugar, a todo momento? Você é *partícipe consciente* de você mesmo?

17. O estado vibracional é o recurso defensivo, primário e insubstituível, que você dispõe para se defender energeticamente. Sem ele, você não obtém outras autodefesas energéticas.

Questão:

Você domina, satisfatoriamente,
o estado vibracional profilático?

Cada um de nós tem de ver com quem se articula melhor: com o nosso amparador ou com o nosso assediador.

47. TESTE DOS FUNDAMENTOS DA BIOENERGÉTICA

O entendimento prático do holochacra se impõe prioritariamente em nosso nível evolutivo hoje.

O *assediador consciente* é parasita de energia consciencial.

Você, na qualidade de conscin, querendo ou não, obrigatoriamente, é um centro de energia vital.

Eis 21 *pontos técnicos,* fundamentais, da Bioenergética, incluindo 3 perguntas-teste pertinentes para reflexão:

1. Pouco importa o que os outros pensam sobre a bioenergia em geral: importa, muito mais, *o que você faz* (ou vivencia) *com a sua* bioenergia, o tempo todo.

2. As autocompensações bioenergéticas evitam os arsenais terapêuticos, as cirurgias e as drogas em geral.

3. A *bioaura* vibratória *externa* é apenas o visual da bioenergia do ego.

4. Há biovórtices maiores, médios e mínimos funcionando.

5. *Você já* abriu os seus *canais gerais de circulação bioenergética?*

6. As bioenergias são as chaves mestras da saúde física e mental.

7. Pouco adianta alguém ter bioenergias de *alta intensidade* em uma conduta consciencial de *baixa qualidade* ou anticosmoética.

8. A discriminação da energia consciencial favorece o *autoconhecimento magno.*

9. As energias conscienciais se manifestam por *biovórtices* ou chacras atuantes.

10. Cada ser vivo tem energia vital única, personalíssima.

11. Quem domina o estado vibracional autodefensivo, profilático e curativo, economiza.

12. Você tem um corpo energético, o *holochacra,* mais solto ou mais preso, *encaixado ou alinhado* dentro do holossoma.

13. O holochacra une o soma (corpo físico) ao psicossoma (corpo emocional), vitalizando o holossoma (o conjunto dos veículos conscienciais).

14. A maioria das pessoas ignora a própria *realidade bioenergética.*

15. É *impossível* viver sem o emprego das bioenergias, ainda que este emprego seja freqüentemente inconsciente: a vida é energia em movimento.

16. *O ideal é mapear os chacras e a sinalética energética já na infância.*

17. *Você já* se libertou dos *miniassédios energéticos diuturnos?*

18. O desempenho bioenergético aumenta os seus *poderes gerais.*

19. As *seduções holochacrais* e os *vampirismos bioenergéticos* são interatuantes com as conscins e consciexes, a qualquer momento e em qualquer local.

20. Há legiões ainda vivendo sob sujeições energéticas instintivas, empregando predominantemente o *subcérebro abdominal* e não o cérebro natural.

21. Você se compensa (desbloqueios ou saúde), ou se descompensa (bloqueios ou doenças) bioenergeticamente, sob movimentos ininterruptos de trocas (a vida).

Questão:

Você já identificou os *sinais bioenergéticos específicos,* só seus?

A Medicina Preventiva predominará no futuro do Homem à base da Bioenergética (Holochacralogia).

48. TESTE DOS 20 PEQUENOS PRAZERES PROJECIOGÊNICOS

Muitas conscins, na *rotina da civilização,* conseguem sair do soma com relativa lucidez. Contudo não alcançam experiências entusiasmantes em outras dimensões. Isso precisa ser acionado pela pessoa, dentro da *saúde consciencial.*

A lágrima (choro) seca mais depressa do que a saliva (fome, fala) e o esperma (sexo).

Centros profundos do cérebro respondem diretamente a sensações prazerosas.

O *bom humor* potencializa a imunidade.

O sexo sem cobranças é terapêutico.

Viver em paz com pessoas e descomplicar-se perante o mundo são exigências no desenvolvimento da projetabilidade lúcida do *Homo amicus.*

Se a vida exterior está muito *funérea,* ou a vida íntima depressiva, é hora de recolher as *migalhas de alegria,* o encanto das coisas e sensações prazerosas simples:

1. Reparar a fileira de árvores ondulantes pela janela.
2. Observar as nuvens movendo-se no céu azul.
3. Rir abertamente de uma comédia inteligente.
4. Ver a festa visual do nascer do dia à beira-mar ou no campo.
5. Brincar com o filho menor *sem maiores paixões.*
6. Testemunhar o fogo crepitante consumindo a acha de lenha.
7. Experimentar a doçura de uma pêra não poluída.
8. Descortinar o *horizonte campestre* do alto da colina.
9. Assistir, com relaxe total, ao jogo esportivo na televisão.
10. Contemplar os reflexos e a superfície da lagoa tranqüila.
11. Dar uma caminhada alegre e sem compromissos.
12. Bater um papo, com descontração, sobre boas notícias.

13. Acompanhar os passarinhos esvoaçantes ou aninhados na árvore.
14. Olhar os peixes coloridos em movimento no aquário.
15. Sentar-se *preguiçosamente* na poltrona com informalidade.
16. Sentir a paz do rio correndo entre murmúrios.
17. *Fazer amor* sem qualquer programação crônica ou imposta.
18. Apreciar o pôr-do-sol simplesmente, *desde o claro até o escuro.*
19. Tirar uma soneca sem pensar no amanhã ou quanto ao futuro.
20. Ouvir o vento suave batendo árvore a árvore, galho a galho.

Quem começa a identificar e sentir a bioenergia que emana dessas 20 satisfações singelas, mas bem-vindas e saudáveis, que até agora desprezou, estará desenvolvendo o frontochacra, a clarividência e a absorção evoluída de energias imanentes.

Esse *estado de graça,* desportividade ou o *joie de vivre,* ajudam, sem dúvida, a produção de projeções conscientes gratificantes, ou as *delícias do que seja o serenismo maior.*

Questão:

Você sabia que as evidências científicas ***demonstram*** *que fomos feitos para o prazer?*

Os prazeres sensoriais **humanos** ***facultam as satisfações paraperceptivas*** **extrafísicas.**

49. TESTE DOS 30 IMPEDIMENTOS AO SEU ESTADO VIBRACIONAL

O estado vibracional e a projeção consciente deslindam *todos* os casos de assédios interconscienciais. *A assedialidade doentia é a maior patologia da humanidade neste Planeta.* Uma série de condições impedem a consciência de alcançar o domínio maduro do EV. Eis 30 impedimentos à instalação a qualquer hora do estado vibracional autodefensivo e profilático pela conscin:

1. **Assédios perturbadores** continuados de consciexes semiconscientes e enfermas.

2. **Auto-obcecações,** idéias fixas ou monoideísmos repressores à consciência.

3. **Auto-sugestão** bloqueadora das energias conscienciais gerais relativas ao esplenicochacra.

4. **Bloqueio energético,** cronicificado e específico de determinado chacra.

5. **Carência afetiva** permanente e estagnadora das energias conscienciais no cardiochacra.

6. **Carência intelectual** permanente e bloqueadora das energias conscienciais do coronochacra.

7. **Carência sexual** permanente e bloqueadora das energias conscienciais do sexochacra (radical).

8. **Depressão psicológica** mais potente que a própria força da vontade pessoal.

9. **Desassimilações energéticas** pessoais que permanecem sempre mal-resolvidas.

10. **Descompensação energética** específica de toda uma área ou sistema do soma.

11. **Desconcentração mental** como um mau hábito ou traf*ar* desmotivador pessoal.

12. **Descontrole emocional,** impaciência, desconcentração e atenção saltuária.

13. **Desmotivação** por indisciplina pessoal ou *preguiça mental* cronicificada.

14. **Desorganização consciencial** generalizada na existência multidimensional.

15. **Dificuldade na expansão** *da fluência livre* e intensa das próprias energias conscienciais.

16. **Embaraço na produção** do experimento consigo mesmo *sem quaisquer muletas.*

17. **Falta de flexibilidade holochacral** ou estar apático, *fora de forma energética.*

18. **Hetero-hipnose** procedente de companhia intrafísica ainda não identificada.

19. **Inconstância** e dispersão nas *práticas bioenergéticas.*

20. **Indefinição pessoal** primária quanto ao emprego sadio e constante das energias conscienciais.

21. **Ingestão de alimentos** *em excesso* com bloqueio das energias conscienciais do umbilicochacra.

22. **Insegurança pessoal** quanto as coisas e fatos novos na existência intrafísica.

23. **Intoxicação** cronicificada pelo hábito vicioso de fumar.

24. **Medo** ou *autoderrotismo* neófobo e cronicificado a respeito das coisas novas.

25. **Misoneísmo,** neofobia ou o *choque do futuro* quanto às energias conscienciais e o parapsiquismo.

26. **Predisposição energética** pessoal a acidentes intrafísicos e conscienciais.

27. **Prisão sacralizadora,** pessoal e cega a uma doutrina, fé ou *crença irracional.*

28. **Uso pessoal** de *drogas alucinógenas,* pesadas ou leves.

29. **Vitimização** condicionada ao parceiro, ou parceira, de existência intrafísica.

30. **Vontade débil** na *gestação de pensenes* magnos no dia-a-dia multidimensional.

Questão:

Você já domina todos estes impedimentos e instala um estado vibracional razoável em você mesmo?

50. TESTE DAS INDICAÇÕES DO SEU ESTADO VIBRACIONAL

Segundo a Bioenergética, a Projeciologia e a Conscienciologia, a instalação do estado vibracional é racionalmente indicada para todas as pessoas, sem exceção, como medida de profilaxia consciencial e autodefesa energética, pelo menos nestas 20 situações:

1. Ao deixar a sua casa ou apartamento para ir para o escritório trabalhar.
2. Ao entrar em veículo, ônibus ou metrô, para começar a viagem.
3. Ao se sentar ao volante e dar partida no carro para a excursão.
4. Ao receber de surpresa a notícia extremamente desgastante.
5. Durante o desenvolvimento do diálogo crítico importante ou debate esclarecedor. Às vezes, e mais necessariamente, depois do encerramento do diálogo.
6. Antes de atender ao telefonema julgado crítico ou preocupante.
7. Ao iniciar sondagens na aquisição de patrimônio ou bem material.
8. Antes do encontro de natureza imprevista com pessoa até o momento desconhecida. E, conforme as circunstâncias, ao deixar esta pessoa depois do encontro.
9. Antes de se entrevistar com a autoridade competente, sobre um assunto essencial, a fim de suportar o impredizível ou uma situação confrangedora.
10. Ao ser impelido a participar de multidão ou um grupo de pessoas.
11. Ao sentar-se no auditório para ouvir o conferencista ou um artista.
12. Ao fechar as gavetas a fim de deixar o escritório, encerrando o expediente do dia, interando as suas energias conscienciais à sua memória (continuísmo consciencial).
13. Ao penetrar o recinto do *shopping center,* supermercado, banco ou repartição pública, apinhados de fregueses ou clientes; ao sair de qualquer destes lugares.

14. Ao servir-se de uma refeição diferente e inabitual a você.

15. No ato de receber o presente ou lembrança, seja objeto novo ou uma antigüidade, sozinho ou acompanhado por muitas pessoas (ou consciexes).

16. No exato momento do seu encontro regular com o parceiro afetivo-sexual *(happy hour* ou a vivência na alcova energeticamente blindada).

17. Ao entrar na casa de diversões para assistir ao espetáculo.

18. Ao se defrontar com situação que exige avaliação intelectual.

19. No instante em que sentir algum sintoma de minidoença, mal-estar físico ou mental, seja onde for e quando for.

20. Antes de instalar o acoplamento áurico deliberado com alguém, a fim de produzir clarividência facial, assim, e outras condições interconscienciais.

Como se observa, com o acúmulo das experiências pessoais, o estado vibracional precisa ser, em seu próprio favor e a favor dos demais, um atributo ou qualificação da sua personalidade, uma parte de você, igual à imaginação, memória, respiração e outros atributos conscienciais, e empregado naturalmente, sem esforço nem sacrifício de sua parte.

Questão:

Como você entende o seu estado vibracional?

O** Homo humanus **é o animal de corpo humano que sente compaixão autêntica e explícita.

51. TESTE DAS SUAS VIVÊNCIAS ENERGÉTICAS

O coronochacra é a antena energética que compõe a verdadeira coroa da conscin lúcida. Há muitos homens e mulheres *coroados* de energia consciencial.

Eis 15 procedimentos técnicos íntimos que você pode aplicar no domínio cosmoético das suas energias conscienciais, através de seus pensenes produzidos com lucidez maior:

1. A absorção, captação, assimilação ou interiorização de energias imanentes e energias conscienciais em você.
2. O armazenamento das ECs geradas por você, hora a hora.
3. O aumento ou intensificação do volume do seu *fluxo energético* personalíssimo.
4. A circulação, dinâmica permanente ou mobilização consciente das suas energias conscienciais.
5. A diminuição ou redução do volume do *fluxo energético* gerado por sua vontade.
6. Sentido, percurso e destino lúcido dos *fluxos energéticos.*
7. A discriminação, identificação e especificação nítida das energias conscienciais, o tempo todo.
8. A dispersão ou o espraiamento dos *fluxos energéticos* gerados por sua vontade.
9. A duração ou o período de permanência de uma dinâmica do seu fluxo energético.
10. A exteriorização, liberação ou as transferências autoconscientes das suas energias conscienciais.
11. A homogeneização ou uniformidade do fluxo intenso de energias conscienciais de ação contínua.
12. A intermitência ou o fluxo energético atuante através de *jatos de descarga* de energias conscienciais.
13. A recomposição ou normalização da sua assimilação de energias imanentes e seus níveis de energias conscienciais.
14. O ritmo ou a freqüência ou pulsação cadenciada do seu *fluxo energético* pessoal.

15. A velocidade ou a força da impulsão do *fluxo energético* gerado por sua vontade.

Eis outros 15 procedimentos técnicos *exteriores* com os quais você pode aplicar as energias conscienciais em relação à vida intrafísica, extrafísica ou multidimensional:

1. **Manutenção de autodefesas** energéticas *(estados vibracionais profiláticos).*

2. ***Acoplamentos*** e *desacoplamentos áuricos* gerados por sua vontade decidida.

3. ***Assimilações*** e *desassimilações simpáticas* (vontade).

4. ***Compensações*** ou desbloqueios energéticos diversos, pessoais e alheios.

5. Recepção lúcida de acréscimos ou ***chuveiros de energias conscienciais*** reforçadores inesperados.

6. ***Sincronizações*** com agentes externos, intra e extrafísicos.

7. ***Assincronizações*** com agentes externos, intrafísicos e extrafísicos (consciexes).

8. **Bloqueios de *fluxos energéticos*** *alheios* quando doentios ou intrusivos a você.

9. **Anulação de *percepções*** *parapsíquicas alheias* quando intrusivas a você.

10. Produção consciente de extenso número de ***fenômenos parapsíquicos*** diversos.

11. Exteriorizações planificadas das ***energias conscienciais terapêuticas*** para si mesmo e para outros.

12. ***Evocações*** de seres *intra*físicos (conscins) e *extra*físicos (consciexes) sadios.

13. Promoção dos ***congressus subtilis*** quando não patológicos, sadios, assistenciais.

14. Absorções conscientes, quando projetado, da ***energia extrafísica*** ou cósmica.

15. Consolidação da ***tenepes*** diária e lúcida.

Questão:

Quais destes 30 procedimentos técnicos você já domina?

52. TESTE DA EVITAÇÃO DAS ATITUDES ANTIPROÉXIS

Quem sabe e não ensina, erra por *egoísmo.* Quem ensina e não faz, erra na *verbação.* Quem ignora e não pergunta, erra por *orgulho.* Esta é a imaturidade consciencial. Eis 30 atitudes antiproéxis, ou do *subcérebro abdominal,* que merecem ser evitadas com inteligência em seus *questionamentos anticoleiras* do ego:

1. Afundar-se no *envolvimento lúdico* do computador pessoal todas as noites.

2. *Amornar-se na praia* 5 horas seguidas, em todos os dias de Sol claro.

3. Assistir a 3 *videofilmes,* alugados, de comédias, a cada dia, 3 vezes na semana.

4. Atravessar tardes inteiras, recostado em um divã, ouvindo *discos de ópera.*

5. *Bancar o aposentado,* vivendo sem compromissos, antes dos 30 anos de idade.

6. Colecionar, por exemplo, *carteiras de cigarros,* vazias, manuseando-as todo dia.

7. Comparecer às lojas de *videogame* e *assinar o seu ponto* 3 noites na semana.

8. Dar uma volta, sem compromisso, só para *ver as vitrinas,* 3 manhãs na semana.

9. Deixar-se ficar no banco da praça todos os dias *jogando sota* com desocupados.

10. Despender mais tempo assistindo aos *programas da TV* do que trabalhando.

11. *Dirigir o carro* durante horas, daqui para ali, sem destino nem objetivo útil.

12. Escutar música, com *headphones,* durante quase todo dia, várias vezes por mês.

13. Ficar *brincando de consertar* o carro, ininterruptamente, pelo mês afora.

14. Freqüentar *restaurantes em voga* 5 vezes por semana.

15. Gastar horas e horas, 3 vezes na semana, no vício das *apostas do Jockey Club.*

16. Ir a 3 *shows* de música popular, até tarde da noite, a cada 15 dias.

17. Largar as suas *obrigações acumuladas* em todas as frentes do seu trabalho.

18. Ler tão-só os *romances da moda* e nenhum *livro sério,* e mais útil, o tempo todo.

19. Participar do jogo de cartas, varando a noite com a *patota,* 3 vezes por semana.

20. Passar as manhãs lendo os *jornais do dia,* sem nenhum uso prático da leitura.

21. Passear, lendo as *manchetes nas bancas,* durante 3 horas, 3 vezes por semana.

22. Permanecer *na cama* até tarde (vida sedentária).

23. Presenciar sucessivos *desfiles de moda,* um após outro, por toda parte.

24. Pular excessivamente, toda manhã, nas *malhações* da academia de ginástica.

25. Seguir, religiosamente, com entusiasmo, 3 *novelas da TV* ao mesmo tempo.

26. Sentar-se à mesa do bar para o *chope amigo,* com a turma, 3 noites na semana.

27. Subverter caoticamente os *compromissos* da sua agenda como hábito adquirido.

28. Sustentar conversa fiada, todo dia, sobre os *jogos de futebol* do campeonato.

29. Tomar conta do cão doméstico 6 horas por dia na condição de *babá de cachorro.*

30. Visitar as *galerias de arte* várias vezes por semana sem comprar nenhuma obra.

Questão:

Você julga que vive atento às diretrizes da proéxis e se submete, regularmente, a 1 terço destas atitudes banais, sob o *rolo compressor das rotinas diárias* da vida humana?

53. TESTE DA SUA CONSCIÊNCIA MNEMÔNICA

1. O microuniverso consciencial é constituído por um holossoma.

2. O holossoma se compõe do soma, holochacra, psicossoma e mentalsoma. Nesta vida holochacral, atuamos mais com o soma e o holochacra.

3. O mais importante destes 4 veículos de manifestação é o mentalsoma: o paracorpo do discernimento magno.

4. O mentalsoma se estrutura com uma série de atributos conscienciais dentre os quais se destacam: razão, imaginação, concentração mental, juízo crítico, capacidade da associação de idéias, comparação, as memórias pessoais e submemórias.

5. A *memória* é a faculdade de reter as idéias, impressões e conhecimentos adquiridos anteriormente. *Ninguém vive, de modo integral,* ***sem*** *memória.*

6. A memória – *fonte da identidade pessoal* – é um atributo essencial à vida retrospectiva e à evolução contínua, através de auto-revezamentos, existências intrafísicas e períodos intermissivos pelos milênios afora.

7. A personalidade com *amnésia* se anula completamente por viver sem retenção da compreensão e sem a visão abrangente no tempo, espaço e dimensões.

8. Uma das características dos distúrbios arterioscleróticos é justamente a *desmemória* da pessoa esquecediça ou amnésica. Ocorrem, ainda, *cunhas mentais (xenopensenes), retropensenes, intrusões mnemônicas,* e as *paramnésias.*

9. Toda pessoa revela *preguiça mental,* acídia, ou estafa intelectual, se apresenta:

Lapsos mnemônicos.

Se expõe memória traiçoeira.

Cabeça de coco.

Se não "sabe já" das coisas.

Se ouve e tudo aquilo que escuta "entra em um ouvido e sai por outro".

Se não observa "a quantas anda".

Se está sempre apenas com "o nome na ponta da língua".

Ou se pergunta distraidamente: "O que é mesmo que eu estava falando?"

10. A *mnemotécnica*, hoje, é a ciência da memória, ou a pesquisa indispensável do fluxo normal dos *engramas (mnemônicos)*, aplicada em larga escala em todas as frentes do conhecimento e das investigações do Homem moderno.

11. Daí por que torna-se relevante você dedicar cuidados às qualidades da memória: agudez, conteúdo, extensão, emprego, eficácia e *homeostase mnemônica.*

12. Observe como você se classifica, racional e honestamente, perante a *mnemotécnica pessoal.*

13. Para a conscin dinamizar a evolução não se exige a *memória de elefante*, mas tão-somente aquela *razoável* que permite chegar à *excelente.*

14. Existem a memória intrafísica, a *extrafísica,* a integral, e muitas outras.

15. Sem boa memória no estado da vigília física ordinária, como você quer ter boa rememoração relativa às vivências projetivas ou extrafísicas? Como você pode querer alcançar auto-retrocognições positivas, visões panorâmicas, ou o estado da autoconscientização multidimensional?

Questão:

O que predomina em você: lembranças ou esquecimentos?

A memória é um recurso consciencial indispensável.

54. TESTE CONSCIENCIOMÉTRICO DA SUA VONTADE

A vontade é a *usina* de nossa energia consciencial. Isso é extremamente importante nesta vida na Terra, que é uma existência essencialmente energética ou holochacral.

A volição, ou o único megapoder de fato – a vontade -, é a força que permite à sua consciência viver com *autodomínio;* manter *autocontrole* sobre os sentidos; ser *auto-suficiente* naquilo que faz; e reciclar a *automotivação* no desenvolvimento produtivo da existência e auto-evolução lúcida.

Eis 13 atitudes reveladoras da fortaleza da vontade, capaz de levar a consciência às maiores realizações, dentro de um programa de renovação íntima, na conquista de espaço intraconsciencial, ou evolutivo, em si próprio:

1. Promover a auto-ajuda *e até* a autocura de minidistúrbios somáticos através das energias conscienciais. A cada dia ganhamos ou perdemos mais verdades relativas de ponta.

2. Capacitar-se para fixar a atenção concentrada, continuadamente, sobre um objetivo predeterminado. À consciência não há *longes* nem *pertos.*

3. Imprimir discernimento em todo desempenho, sem hesitação ou tibieza. A conscin impensante é a *carne de canhão* da consciex assediadora.

4. Masturbar-se, com êxito, quando quiser, a fim de evitar a condição nociva da carência sexual cronicificada, predisponente a assédios doentios.

5. Organizar-se, em alto nível, através de um fluxograma das ações pessoais na intrafisicalidade e na multidimensionalidade.

6. Manter a auto-suficiência de fazer, periodicamente, a ginástica sozinho, sempre motivado, dispensando a presença de companhias ou *alimentado* pela integração e afinidade a uma equipe esportiva ou lúdica.

7. Controlar a relaxação muscular progressiva pelas técnicas da retroalimentação biológica (*biofeedback*).

8. Produzir estados vibracionais voluntários e até profiláticos, quando e onde bem o deseja, independentemente das circunstâncias intra e extrafísicas.

9. Viver uma existência isolada ou mais solitária, pelo período necessário, se os seus trabalhos construtivos na mentalsomática assim o exigirem.

10. Ser capaz de usar lentes de contato, sem se irritar, até adaptar-se.

11. Alcançar as realizações conscienciais, governando-se pelos próprios princípios, mantendo propósito decidido em tudo o que faz, a fim de atingir suas metas.

12. Ter a paciência de solver o *puzzle* de 2.000 peças, em pouco tempo, sem demonstrar nenhuma irritação. Não se inventa a *invenção. Achamo-la* transpirando através de repetições.

13. Passar por cima das bagatelas da existência intrafísica exercendo trabalhos úteis. Quem economiza a *verdade relativa,* vive rico de mentiras.

Questão:

Em quais destas 13 atitudes você já revela a *fortaleza* da sua vontade?

A** vontade **é o arbítrio, a intenção, a predeterminação e a disposição da consciência.

55. TESTE DA SUA CONSCIÊNCIA SUPERADORA

Você pode ter muito talento, se não tem motivação, o que adianta?

Você pode criar muitas idéias, se não tem constância, o que pode construir?

Você começa uma tarefa libertária. No início tudo é motivação e festa. Na manutenção surgem os obstáculos de todos os lados.

Quanto às suas tarefas, vale responder a 20 questões:

1. Sei trabalhar em silêncio, e até no isolamento, quando preciso, não obstante os tropeços e as incompreensões em torno de mim?
2. Sou organizado no combate à entropia e ao contratempo?
3. Mudo de lugar, de esquema e de planejamentos, com bom humor, quando necessário, fazendo dos gravames das injunções um *superavit?*
4. Mostro competência na ultrapassagem de obstáculos previstos e imprevistos em meus trabalhos, incumbências e empreendimentos?
5. Tenho desinibição suficiente para enfrentar constrangimentos?
6. Meu rosto, voz e posturas demonstram ânimo decidido quanto àquilo que faço, conforme as características do *Homo arbiter?*
7. Sei desbloquear minhas energias conscienciais descompensadas contra ansiedade, depressão, estressamento e insônia? Somente a *vontade* cura a própria vontade.
8. Evito desgastes emocionais inúteis falando pouco e escutando muito?
9. Sei refutar o irracional e a inexperiência com a lógica devida?
10. Sei corrigir de imediato os meus *surtos de imaturidade?*
11. Vivo preparado para qualquer coisa nova ou esforço necessário?
12. Afasto contrariedades e neutralizo frustrações com facilidade?
13. Persevero em meus serviços gerais sem desistir facilmente?
14. Ataco o negativismo frente a frente com pensenes positivos?

15. Sou plenamente motivado(a) na execução de minha proéxis?

16. Sei mudar hábitos para *remar contra a maré* do derrotismo?

17. Meu nível de resistência antifadiga é razoavelmente eficaz?

18. Sei *vestir a camisa* do meu trabalho contra oposições e hostilidades?

19. Sei mudar meus interesses mais caros, transformando as pequenas derrotas em êxitos expressivos? Renovação é a *viragem periódica da mesa.*

20. Tenho resistência voluntária aos imprevistos gerados pela defesa das verdades relativas de ponta? Há milênios, a *evolução cultural* vem substituindo a *evolução natural.*

Quando você responder *sim* a, pelo menos, 10 destas 20 perguntas, pode se sentir plenamente apto para o desempenho de suas tarefas. Desorganização é poluição consciencial.

Destruir é sempre muito mais fácil do que construir.

Construir é sempre muito mais fácil do que *manter* qualquer empreendimento louvável.

Questão?

Qual o nível da sua consciência superadora?

A entropia, ou a *desorganização,* ***está sempre presente na vida intrafísica.***

56. TESTE DAS SUAS AÇÕES EXTRAFÍSICAS

*Vivenciar a multidimensionalidade é sempre "**cutucar a onça** com vara curta"*. Contudo, é útil o esforço nesse sentido para todas as conscins.

O projetor (ou projetora) consciente pode vivenciar fora do soma, nas dimensões extrafísicas, por exemplo, 30 manifestações conscienciais:

1. Experienciar a *autodecolagem lúcida* e marcante pelo psicossoma.

2. Experimentar deixar de respirar: o soma é igual a um *fole humano.*

3. Examinar o *cordão de prata* e sua refinada estrutura parabiológica.

4. Examinar o próprio soma estando fora dele e bem consciente.

5. Flutuar, sem medo, dentro de casa ou pelos espaços livres distantes.

6. Transpassar objetos materiais e construções intrafísicas.

7. Fazer minuciosas *inspeções extrafísicas* da própria base física.

8. Abordar os *intrusores extrafísicos* do seu *holopensene domiciliar.*

9. Gerar a *telecinesia* ou o ato de mover objetos materiais sem toques.

10. Presenciar as manifestações ambientais e vivas das energias conscienciais.

11. Analisar diretamente as bioauras das conscins e os *duplos das coisas.*

12. Averiguar a existência, ou não, de certos *instrumentos extrafísicos.*

13. Deixar a base física à meia-noite e volitar, além, à luz do Sol (dia).

14. Volitar ou voar extrafisicamente com liberdade e euforia indizível.

15. Absorver energias extrafísicas ou imanentes sobre o mar, as matas, os campos ou as cidades.

16. Visitar ambientes intrafísicos (humanos) distantes e distritos extrafísicos.

17. Formular e plasmar morfopensenes através da *força pensênica.*

18. Transfigurar o visual do psicossoma, rejuvenescendo-se.

19. Pesquisar os distritos extrafísicos de consciexes enfermas.

20. Liberar energias conscienciais em favor de conscins e consciexes doentes.

21. Confrontar-se energeticamente com múltiplas consciexes.

22. Reencontrar-se com ex-parentes ou conscins amigas projetadas.

23. Produzir transmissões telepáticas ou os *paradiálogos transmentais.*

24. Fazer *resgates assistenciais* de consciexes necessitadas ou enfermas.

25. Participar nas exposições de assuntos de consciexes evoluídas.

26. Haurir lições transcendentes nas *comunidades extrafísicas.*

27. Desencadear *auto-retrocognições* sadias e instrutivas.

28. Tentar tangibilizar-se à frente de crianças sensíveis (*bilocação física*).

29. Sentir-se vivo na condição tão-só de um ponto lúcido de energia consciencial.

30. Entrevistar-se com consciexes: amigos, *amparadores* e *Serenões.*

A maioria das conscins só produz projeções conscientes espontâneas ou inconscientes, e, por isso, não teve, ainda, tais experiências projetivas avançadas. Os desafios estão aí, aqui e agora.

Questão:

Qual o seu nível projetivo, consciente, exato?

57. TESTE DA TENEPES OU TAREFA ENERGÉTICA PESSOAL

A consciência somente evolui mais depressa quando **ajuda** as outras consciências a evoluírem. Isto resume a dinâmica evolutiva que atinge a todos nós. A prática diária da tenepes implica na renovação íntima inevitável da conscin. Torna-se incompatível ao praticante da tenepes, manter estes 30 hábitos ou posturas anticosmoéticas:

1. Apelar sempre para mancias e adivinhações em suas decisões no dia-a-dia.
2. Bater na madeira quantas vezes sejam, escravo de uma superstição irracional.
3. Carregar um badulaque ou patuá dependurado no pescoço ou na camisa.
4. Chorar habitualmente uma vez por semana, sob alta insegurança e insatisfação.
5. Colecionar, ingenuamente, armas de fogo: uma auto-imprudência primária.
6. Cultivar a gurulatria de qualquer tipo ou uma auto-sujeição consciencial.
7. Cultivar um posicionamento pessimista e cronicificado perante o Universo.
8. Fazer promessas irracionais, ou seja: não confiar na Multidimensionalidade.
9. Fumar: um vício primitivo e bloqueador irreparável das energias conscienciais do cardiochacra.
10. Funcionar a serviço de matadouro de animais, ou abatedouro de aves.
11. Manter capela, altar ou congá dentro de casa, sob o jugo de misticismos infantis.
12. Manter o peso corporal excessivo, aumentado por bulimia ou vida sedentária.
13. Passar por *noitadas* promíscuas várias vezes a cada mês (assedialidade).
14. Pensar e se preocupar tão-só com a sua família nuclear.

15. Praticar, por exemplo, o *tiro aos pombos* ou a zooconvivialidade patológica.

16. Seguir com uma vida intrafísica desregrada ou essencialmente desorganizada.

17. Sentir insegurança, manifesta ou transparente em seus atos, na vida cotidiana.

18. Ser motociclista, sob o alto risco energético da vida locomotora do motoqueiro.

19. Ser partidário ou apologista, mesmo sincero, da legalização da pena de morte.

20. Ser usuário, doente, de álcool ou drogas em geral, tanto leves quanto pesadas.

21. Sofrer miniassédios inconscientes e habituais, contudo evidentes para os outros.

22. Ter e usar porte de arma, em uma evocação autoconsciente da matança subumana.

23. Ter existência o tempo todo improdutiva, sem nenhuma autocriatividade.

24. Ter ocupação que implique, de algum modo, em repressão de consciências.

25. Trabalhar, ainda mesmo *no pesado*, com motosserra, em qualquer zona rural.

26. Viver em um estado de permanente insociabilidade ou em um *eremitismo conventual.*

27. Viver preso a uma doutrina sectária, no antiuniversalismo medíocre e medieval.

28. Viver submisso ao hábito depressivo da ingestão de *bolinhas* ou estupefacientes.

29. Viver todo o tempo sem domicílio intrafísico fixo ou em um nomadismo impulsivo.

30. Voar de asa delta: o vôo livre é um esporte de alto risco, radical, mortífero ou fronteiriço ao suicídio.

Se você ainda mantém apenas 3 destes 30 hábitos, pode estar certo: a tenepes sadia e eficaz, ainda *passa longe* de você.

Questão:

Onde se posiciona você quanto à tenepes?

58. TESTE DAS 30 VANTAGENS DAS TARES

O megadesafio da tares vivida atinge a todas as conscins lúcidas. Há de se tentar centenas de vezes: 1 **êxito evolutivo** pode valer mais do que 1.000 fracassos. As verdades relativas de ponta, nas tarefas do esclarecimento interconsciencial, policármicas e próprias dos auto-experimentadores da ciência Conscienciologia, oferecem, pelo menos, 30 vantagens óbvias:

1. Administrar com eficácia os megapensenes a começar pela mentalsomática.

2. Alcançar a condição da holomaturidade (integrada) o mais breve possível.

3. Anular as intrusões do *subcérebro abdominal* em nossa vida intra e extrafísica.

4. Aperfeiçoar o código de princípios pessoais em uso em nossa vida humana.

5. Aproximar-se da execução da proéxis ou programação existencial pessoal.

6. Caminhar resolutamente para a condição evoluída do serenismo vivido.

7. Combater as autocorrupções com elevado senso de discernimento cosmoético.

8. Conseguir o melhor nível possível de autolucidez consciencial, o tempo todo.

9. Dinamizar a autocompetência evolutiva e consciente, dentro do abertismo.

10. Evitar as crenças cegas, doutrinas humanas e a *automimese existencial inútil.*

11. Excluir, com eficiência, as possibilidades de autoculpas no futuro *(melex).*

12. Fazer as profilaxias das ilusões primárias na vida intrafísica (melin).

13. Ficar mais *por dentro* dos bastidores da vida multidimensional, ativa e útil.

14. Habituar-se a encarar os *fatos* muito antes da *adrenalina* das emoções fortes.

15. Identificar, com realismo e autocrítica máxima, os próprios traf*a*res básicos.

16. Incrementar o próprio nível de cultura seleta em qualquer idade física.

17. Levar ao extremo a vivência das autopotencialidades.

18. Libertar-se mais cedo da condição do *porão consciencial* na vida intrafísica.

19. Localizar, em cada contexto, aquele valor essencial evolutivo que predomina.

20. Manter permanentemente atualizada a auto-avaliação consciencial mais justa.

21. Minimizar, a níveis razoáveis, omissões e erros grosseiros da própria conduta.

22. Praticar com autolucidez as tarefas assistenciais do esclarecimento magno.

23. Priorizar, com inteligência e acerto maiores, as ações de cada minuto humano.

24. Promover, com discernimento, a própria *recéxis* ou a reciclagem existencial.

25. Queimar etapas perante a marcha evolutiva média das consciências humanas.

26. Recuperar mais depressa os *cons,* ou as unidades de lucidez da consciência.

27. Sair da condição multissecular da mediocridade evolutiva dentro do grupocarma.

28. Seguir o *paradigma consciencial* em todos os auto-experimentos evolutivos.

29. Ter acesso menos difícil às idéias originais nas pesquisas de ponta da consciência.

30. Vivenciar a *cosmoética,* em alto nível evolutivo, em nosso presente-futuro.

Questão:

Você vive cônscio e tira proveito das vantagens das verdades relativas de ponta nas tarefas do esclarecimento?

59. TESTE DOS SEUS ENCONTROS DE DESTINO

1. Habitualmente não é fácil o encontro, ou mais apropriadamente, o reencontro, no lugar exato – o espaço intrafísico -, e na hora certa – o tempo cronológico – das conscins engajadas em tarefas evoluídas de esclarecimento (tares).

2. Mil e uma interferências parecem atuar pelo *rolo compressor* da vida humana (acidentes parapsíquicos), sobre as conscins, e desviá-las das metas adredemente estabelecidas (proéxis), após muita planificação, nos cursos intermissivos, antes dos seus renascimentos intrafísicos.

3. Há quem se conscientize muito cedo e quem se conscientize já muito tarde de suas incumbências e mandatos intrafísicos. Daí nascem os contratempos, os desencontros e as *dissidências infelizes de destino,* dentro do grupocarma.

4. Os fatos extrafísicos evidenciam que o trabalho fundamental dos amparadores (consciexes), perante as conscins, se assenta, antes de tudo, no patrocínio e na consolidação desses encontros interconscienciais afins – mesmo quando permanecem inconscientes no estado da vigília física ordinária – suscetíveis de mudanças do destino, e quando se sedimenta a execução das proéxis individuais e grupocármicas.

5. Tais encontros de afinidades e interesses, capazes de fazer mutações existenciais, definem as vidas das conscins e, até certo parâmetro, as próprias Socins. De um encontro desses é que nasce, por exemplo, a dupla evolutiva.

6. Nestas articulações interconscienciais destacam-se diversas variáveis: o *ponto de encontro* interconsciencial; o *momento do destino;* as pessoas intermediárias providenciais; os níveis de prestígio e as influências sociais; os interesses intrafísicos mútuos; e as afinidades ideológicas de modo geral.

7. As projeções conscientes assistidas por amparadores são relevantes no preparo dos *bastidores projetivos* ou nos *pré-reencontros extrafísicos* das conscins em geral, comprometidas conjuntamente em proéxis afins.

8. Elevado percentual de ectopias conscienciais, nas proéxis das conscins, se deve aos extravios, descaminhos, tresmalhamentos, omissões,

mudanças de rumo ou guinadas extemporâneas daqueles que acabam seguindo trilhas espúrias e perdendo a rota, errando sem bússola por aí afora; até realizando alguma coisa, mas fora do tempo, do espaço e dos objetivos de seus programas de existência (automimeses existenciais).

9. Dos seus encontros intrafísicos dependem os resultados da proéxis e das *autogestações conscienciais* e, ainda mais, o compléxis ou o incompléxis, porque nenhuma consciência vive, o tempo todo, completamente isolada ou sozinha.

Questões:

O que você faz quanto às oportunidades que a vida lhe oferece? Aproveita os encontros interconscienciais ou despreza as chances evolutivas, vítima de acidentes parapsíquicos?

Os encontros projetivos, extrafísicos, com os *Serenões* ***são evolutivamente recicladores.***

60. TESTE DAS TAREFAS ASSISTENCIAIS ENERGÉTICAS

Holochacra descompensado é paletó abotoado na casa errada.

Uma conscin pode executar, por exemplo, 14 tarefas assistenciais, energéticas, sadias e evolutivas:

1. Proporcionar a sensação viva das energias conscienciais diretamente às conscins bloqueadas em suas absorções e liberações de energias conscienciais.

2. Dar um abraço energético, fazer afagos, massagens ou a imposição das mãos sobre alguém, com a intenção de melhorar-lhe as condições energéticas.

3. Instalar a condição de acoplamento áurico com outra conscin.

4. Fazer a clarividência facial mútua, depois de instalar o acoplamento áurico com outra pessoa, inclusive a assim e a desassim.

5. Desencadear o estado vibracional em outras pessoas, inclusive o profilático. *Um minuto basta para fazer um herói.* ***Um minuto*** *basta para instalar o estado vibracional profilático.*

6. Colaborar para que a própria pessoa faça o alinhamento e a harmonização do seu holochacra, pelos desbloqueios e compensações chacrais.

7. Servir de isca assistencial, ou cobaia energética lúcida, em favor do desassédio interconsciencial de alguém (conscins e consciexes).

8. Ajudar a própria pessoa nos desbloqueios e compensações de suas energias conscienciais (terapias paliativas) para que a mesma alcance autocuras e desassédios reais e mais definitivos (conscienciopterapia), por si mesma.

9. Proceder à limpeza, para-assepsia ou eliminação mesmo de objetos, de residência ou procedentes de instituição sectária (Catolicismo; Espiritismo; Umbanda; Quimbanda; Seicho-no-iê e Messiânica e seus *cultos dos antepassados;* e outras), carregados negativamente por energias conscienciais nocivas, destinadas à manutenção do *fascínio de grupo,* notadamente do *crente ou fiel desertor,* pela instalação de campos de energias conscienciais positivas.

10. Doar objeto – vaso de flor, livro, prato de comida, medicamento, e outros – energizado intensamente, a alguém, na condição de *rapport* energético positivo.

11. Desbloquear – ou bloquear temporariamente, em certos casos, desde que sadios – as parapercepções de alguém.

12. Cooperar decisivamente para a expansão da consciência de outrem, através da instalação de um campo energético específico (epicentrismo).

13. Fazer uma conscin lúcida adentrar a dimener, ou dimensão energética inicial, através da exteriorização intencional de suas energias conscienciais.

14. Colaborar, em determinadas conjunturas e injunções intra e extrafísicas, com amparadores, na dessoma ou projeção final de certas conscins.

Questões:

Quais destas 14 tarefas assistenciais, energéticas
e produtivas, você consegue executar de maneira satisfatória?
Seu percentual de preocupações *altruístas*
é superior ao seu percentual de preocupações *egoístas?*

O início inteligente da prática diária da **tenepes** ***está na liberação de energias conscienciais em favor de quem*** **não nos compreendeu** ***nas últimas 24 horas.***

61. TESTE DA SUA CONSCIÊNCIA SADIA

A holomaturidade da consciência aponta certas bases de pensamento muito eficazes para serem usadas, cada qual, uma só vez, com inteligência, igual a uma cirurgia, visando à melhoria da sua consciência.

Eis 6 bases de pensamentos transformadores de emoções vulgares em sentimentos evoluídos:

1. A consciência há de manter o nível elevado de autocrítica necessário para que se considere, de fato, a única responsável pelos aborrecimentos e percalços que lhe ferem, hoje, ao invés de atribui-los ao assédio de conscins ou consciexes. Empregar mecanismos de defesa do ego para camuflar os erros passados, que temos de suportar com hombridade e sabedoria é fuga. Não adianta *chorar o leite derramado.*

2. Ninguém sadio, resmunga, lastima-se, apega-se a ninharias ou se sente na condição de vítima o tempo todo. Quando empreendemos uma atividade consciencial útil, todos os nossos pesares diminuem pouco a pouco até se extinguirem de vez.

3. Ter vergonha de chorar é falta de inteligência. É preferível *abrir o jogo,* ainda que seja através das lágrimas, nos espasmos de desilusão, do que ficar se martirizando com acúmulos de *dores de cotovelo,* ressentimentos, mágoas e suscetibilidades, que devem sempre ser superadas em favor tanto da própria pessoa quanto dos outros. Contudo, é útil chorar uma vez, a fim de aliviar, desabafar, *exorcizar os nossos fantasmas,* fazendo nossa catarse, a fim de nos levantar aprumados e andar à frente. A vida consciencial prossegue além desta, para sempre.

4. É loucura se matar por um amor não correspondido. O verdadeiro amor puro, romântico, real, vivido, de uma conscin por outra, elimina cansaços, decepções, dúvidas, egoísmos, fraquezas, grosserias, idade física, loucuras, mentiras, orgulho e perplexidades. Quem não teve um nível de amor igual a esse, há de esquecer de uma vez a sua experiência, porque não perdeu muito: ainda não era o amor puro de dupla evolutiva, eficaz, de um convívio desenvolvido, por exemplo, em 50 seriéxis, dependente, portanto, da busca serena e da maturidade afetivo-sexual. A população do Planeta, em 1992, era de 5 *bi*lhões e meio de pessoas

e a Organização Mundial da Saúde (OMS) estimou existirem 500 *milhões* de *doentes mentais* (1993) na Terra (Socin Patológica).

5. Em torno de nós sempre identificaremos pessoas em posições deploráveis, bem piores, e, no entanto, tais conscins estão realizando gestações conscienciais melhores do que os nossos esforços. É inteligente mirarmo-nos nos *espelhos* desses desafios exemplares e sermos justificadamente otimistas para o resto de nossas vidas humanas.

6. Vale ajudar o colega de evolução a carregar o seu fardo pesado. Assim descobrimos que o nosso fardo pessoal é muito mais leve sobre os ombros. *A prestimosidade é fruto da inteligência avan*çada. Ninguém evolui sem servir aos outros.

Questão:

Você já foi aprovado, por si mesmo,
nestas 6 provas de saúde?

O sonho de ter uma* flor *ainda
é infantil quando podemos
***plantar um* pomar inteiro.**

62. TESTE DAS PSICOPATOLOGIAS AMENAS

Cada conscin pode ter, no mínimo, até 11 inteligências diferenciadas. Contudo, as pessoas portam fissuras em suas personalidades. Quando um homem ou mulher consegue viver e funcionar, de maneira razoável, com 3 destas 11 inteligências, você se depara com um gênio tridotado. Estas pessoas são, de fato, ainda muito raras. Por isso, temos que viver, entre condutas-padrão e condutas-exceção, com permanentes ambigüidades conscientes, fazendo concessões a todos aqueles seres com quem convivemos, e a quem mais amamos, de nosso grupo evolutivo.

É útil observar na estrutura do círculo dos seus entes amados, os traços característicos, específicos, dos mais íntimos a você, por exemplo, estes 13:

1. A nora que olha fixamente e enrola os cabelos com os dedos, em qualquer lugar.
2. O pai de soma deformado que não consegue dominar a sua bulimia ou a fome insaciável. Todos os *somas* são mortais, inclusive o meu, o seu e de qualquer pai.
3. O tio que conserva um cacoete inquietante na face esquerda.
4. A neta que chantageia os avós para conseguir regalias com os pais.
5. O genro que vive olhando por cima dos óculos *de fundo de garrafa,* assentados quase na ponta do nariz.
6. A jovem sobrinha que vive com as pernas abertas em público, sem nenhum recato ou pudor. O *porão consciencial* é um campo minado.
7. A tia que fala aos berros com todas as pessoas, seja quem for.
8. O neto malcriado, que chora a toda hora, por qualquer coisa.
9. A avó que manifesta permanente mania de limpeza por toda parte.
10. O irmão que acorda a vizinhança de manhã com o rádio alto.
11. O cunhado com profunda mania de grandeza que traz *o rei na barriga.*

12. A mãe que insiste na superproteção quanto ao filho caçula.

13. A filha, jovem *chaminé ambulante,* que fuma 2 maços de cigarros por dia. *Fazer o que se deseja, importa muito à conscin, mas sempre tem seu* ***preço.***

Como você reconhece: ninguém é *perfeito.* Portanto, não existe, a rigor, uma família inteiramente sadia, de microuniversos hígidos, sem qualquer traço, ao menos singelo, de psicopatologia.

Questão:

Você sabe avaliar as conscins ao seu redor, relevando e compreendendo com senso de fraternidade, os traços anormais *(assinaturas pensênicas)* que todos imprimimos no caminho de nossa evolução consciencial?

Há **verdades relativas de ponta** ***extremamente penosas para algumas pessoas.***

63. TESTE DA SUA CONSCIÊNCIA ESTRESSÁVEL

Há estresses negativos, ou nocivos, responsáveis por uma série de condições patológicas que – se vistas a tempo – podem afastar aborrecimentos e as condições existenciais da *pré-estafa.*

O inteligente é buscar transformar em vantagem o aborrecimento maior.

Eis 20 perguntas que abordam os efeitos mais freqüentes para se verificar o grau de estresse doentio, dentro da Medicina e da Psicologia a fim de você fazer a sua auto-análise clínica a grosso modo:

1. Tomo bebida alcoólica regularmente, ao modo de um mau hábito social? A *oportunidade,* o tempo e a maré não esperam por ninguém. Nem por você.
2. Sinto-me, de algum modo, angustiado (ou angustiada)?
3. Não tenho tido apetite ultimamente?
4. Muitas vezes perco a calma por uma *bobagem qualquer* ou tolice pueril? Há *gênios multímodos* estacionados no egocentrismo infantil.
5. Sinto-me cansado (ou cansada) pela manhã?
6. Tenho dor de cabeça (cefaléia ou hemicrania) com freqüência?
7. Estou com dificuldades reais de concentração mental ou de fixação de minha atenção? A *vida consciencial* é movimento incessante.
8. Fico muitas vezes deprimido(a) sem razão, completamente desmotivado(a)? O *medo* faz errar. O *cidadão do Cosmos* está ligado a tudo.
9. Tomo, com freqüência, algum tipo de tranqüilizante?
10. Bebo muito café ou algum tipo de estimulante o tempo todo?
11. Vivo em constante irritação com as pessoas e com o que faço?
12. Só durmo com o uso de medicamentos?
13. Tenho esquecido muitas coisas recentemente?
14. Apresento suores nas mãos e nos pés devido ao meu sistema nervoso autônomo ou neurovegetativo? *Silêncio* pode ser angústia.

15. Impaciento-me com facilidade, não raro chegando à agressividade?

16. Sinto dificuldade em manter relações sexuais?

17. Tenho dormido mal, quase sempre com insônia?

18. Venho fumando cada vez mais nos últimos tempos?

19. Tenho idéias ou tendências suicidas que nunca revelei a ninguém?

20. Minha capacidade de trabalho diminuiu nestes últimos meses?

Se você responde *sim* a apenas 10 destas 20 perguntas, vale a pena tirar férias e mudar o seu ritmo de vida já.

Se responde *sim* a 15 perguntas ou mais, procure com urgência um especialista, a fim de evitar: arteriosclerose, infarto do miocárdio, hipertensão arterial, gastrite, úlcera, colite, alterações dermatológicas ou na esfera sexual.

Questão:

Qual o nível de estressamento da sua consciência?

A *consciencioterapia* ***há de começar abordando o holossoma pelo soma.***

64. TESTE DA IMATURIDADE CONSCIENCIAL

O pseudo-amor dos seres humanos, rouba o *espaço,* através de *gaiolas,* e rouba o *orgasmo,* através de *castrações* de cães e gatos. Esterilizam os animais vivos *em nome do carinho,* a fim de não sujarem a casa e nem se incomodarem.

Eis 13 facetas da conscin ainda muito imatura, segundo a Conscienciologia:

1. Vivo sabendo, sem dúvida, estar escravizado a autocorrupções permanentes sem tentar qualquer esforço de renovação, *virar a mesa* ou enfrentar a reciclagem existencial do meu mundo íntimo? (Fossilização consciencial).

2. Eu vivo me condenando, lenta e conscientemente, a um suicídio lento, a varejo, através de uma flagelação ou vício autodestrutivo e secreto? (Autocídio).

3. Recorro ainda, *consciente* ou inconscientemente, a chantagens emocionais como recursos de defesa do meu megaego ou *egão?* (Egocentrismo infantil).

4. Ainda não me despertei quanto ao emprego lúcido e permanente de minhas energias conscienciais na vida cotidiana? (Dreno energético humano).

5. Ainda me fragilizo, intencionalmente, para cultivar sofrimentos dispensáveis? (Masoquismo lúcido). *Intransigência e radicalização denotam imaturidade.*

6. Vivo conjugalmente, há 1 década, com outra pessoa, sem ter alcançado a liberdade de soltar nem *1 pum na sua presença*? (Satelitização consciencial).

7. Tenho ainda *prazer gozoso* com o machismo masculino, ou o "machismo" *feminino? (Encolhimento do cérebro).*

8. Ainda não identifiquei e, por isso, não aplico como recurso evolutivo, o conhecimento do traf*o*r máximo e do megatraf*a*r de minha personalidade?

9. Vivo de maneira sectária e paroquiana, distante do universalismo consciencial? (Escravidão ao grupúsculo social).

10. Cultivo, como hábito, a mágoa, a suscetibilidade, o melindre, o ressentimento, o amuo, a *birra* e a *fossa*, com auto-obcecação?

11. Emprego, conscientemente, as seduções holochacrais como recurso comum de viver na faixa da mediocridade consciencial? *(Subcérebro abdominal).*

12. Rejeito a possibilidade de minha existência intrafísica (seriéxis), nova, próxima e futura algures? (Senso do renascimento intrafísico).

13. Respiro, hoje, com submissão e subserviência, supersticiosidades assoberbantes, castradoras e ainda inextirpáveis? (Castrações irracionais).

Veja como você se saiu no teste.

Se uma pessoa do seu círculo de relações sociais, já fixada com algumas destas características, está acima dos 45 anos de idade física, não perca tempo, seja realista sem pessimismo, não espere mais qualquer renovação íntima, *de alta qualidade,* por parte dela. Só noutro soma e noutra vida intrafísica à frente.

Questões:

Isso também acontece com você? É inteligente ser exceção à regra da mediocridade e enfrentar a questão de frente, agora e aqui, contra todos os percalços?

A imaturidade humana é um fato generalizado e onipresente.

65. TESTE DA EVITAÇÃO DAS MODAS MÍSTICAS

Em função das modas místicas das gurulatrias, se a conscin não se acautelar, repete o inútil e o dispensável por toda a sua vida humana, submissa às *lavagens subcerebrais* dos espertalhões profissionais.

Há de se viver bem alerta quanto às possíveis manipulações da nossa consciência feitas em nome do "bem", "fraternidade", "solidariedade" e outros pretextos de "boa vontade e boa intenção".

Para seu teste de reflexão, eis 10 tipos de seguidores de modas místicas que já arrasaram – ou ainda arrasam (1997) – esforços, tempo, energias conscienciais e vidas humanas inteiras de conscins incautas e vulneráveis, sem maior senso de discernimento perante as *alcatéias humanas*:

1. As seitas catequistas que empregam artistas quais garotos-propaganda, por exemplo, os da Cultura Racional, *Universo em Desencanto*, de Manoel Jacinto Coelho, que sustentou, por décadas, que ufos (máquinas) e ufonautas (consciências) eram a mesma coisa, perante milhares de leitores cativos e bitolados por fanatismos.

2. As *dietas salvacionistas* que, desde 1970, já abreviaram a vida humana (dessoma) de multidões de fanáticos e naturistas inocentes-úteis em dezenas de países.

3. As teorias absurdas, por exemplo, da *Terra Chata* e da *Terra Oca*, que empolgam legiões de consciências ilógicas e fanáticas, neste Planeta, há décadas.

4. Os disparates anticientíficos, por exemplo, o do *Planeta Chupão*, supostamente capaz de desestabilizar o equilíbrio gravitário da Terra e que, de tempos em tempos, desde 1950, perverte cabeças da *massa impensante* e infantil por aí afora.

5. As intoxicações legalizadas ou discriminalizadas do Santo Daime, ou a União do Vegetal, que desgovernam o fígado e a mente de legiões de prosélitos por aí, através da ação da quinina-escopolamina, o folclórico alucinatório *ayahuasca*.

6. As seitas todo-poderosas, por exemplo, a do Reverendo Moon, e suas *Moonies*, especializadas em conceder, a preços módicos, *vaguinhas no céu* em *clima de oba-oba*, *fogos-de-palha*, *pirações*, *happenings*, delírios e cerimônias multinacionais.

7. Os sermões fanatizantes dos *telepregadores* mercantilistas, demagogos religiosos profissionais, astutos *bi*lionários das hipocrisias, sobre os *telefiéis*.

8. As *cidades intraterrenas*, por exemplo, de José Trigueirinho Netto (1992), criador de mais uma *ufo-seita* com legiões de ufólatras, *trigueiretes* e fanáticos, rendidos a hipnoses e pieguismos baratos, irracionais.

9. Os embustes ufológicos ou as *enganologias*, por exemplo, de Eugênio Siragusa e Victor Speers, com a fábula de Ashtar, ficções e inculcações sobre as mentes despreparadas e holochacras carentes de milhares de *ufofiéis*.

10. Os movimentos delirantes, por exemplo, o de Bhagwan Shree Rajneesh, ou Osho, o homem dos 92 automóveis Rolls-Royce, que ao dessomar, vítima da *Aids*, deixou milhares de seguidores, *viúvas inconsoladas* e mal-amadas *na rua da amargura*.

Questão:

Você ainda cultiva adoração por algum guru,
seja quem for?

Ter boa vontade e boa intenção não basta para se viver a vida humana com *rendimento evolutivo.* ***Urge ter discernimento.***

66. TESTE DA LIBERTAÇÃO DE 15 ANDAIMES DA CONSCIN

A conscin pode viver dependente e escrava, fiel a uma doutrina de verdades absolutas, em nível de *protoconhecimento pré-maternal*, ou, então, viver independente e livre, no esforço pelo autoconhecimento libertário.

Eis 15 tipos básicos, frágeis e frouxos, ou muletas psicológicas, produtos artificiais, *instrumentos físicos passageiros*, objetos mais ou menos sacralizados em rituais, que a maioria das consciências intrafísicas, inseguras, se utilizam pretendendo dinamizar desempenhos parapsíquicos, obter autoproteção, saúde, riqueza e poder, intensificar a automotivação, expandir a lucidez, ou alcançar outras dimensões conscienciais:

1. *Varinhas adivinhatórias*, capaz, espadas evocativas.
2. Velas, incensos, mirra, óleos, cinzas, ervas, alucinógenos.
3. Telas, missais, bíblias, outros *livros sacrossantos.*
4. Mapas, horóscopos, perfis astrológicos computadorizados.
5. Pontos riscados, mandalas armadas, desenhadas ou pintadas.
6. Tábua *Oui-ja* com números e letras.
7. Altares, andores, imagens de diferentes tipos e adorações.
8. Baralhos, cartas do tarô com arcanos e arquétipos.
9. Ostensórios, bolas de cristal, *espelhos mágicos,* pentáculos.
10. Pirâmides, cristais de rocha, pedras místicas.
11. Aspersórios, pêndulos, anéis energizados, *filtros de amor.*
12. Figas, bentinhos, patuás, ferraduras, amuletos, talismãs.
13. Rosários, terços, enfiados de contas, *moinhos de orações.*
14. Búzios, moedas, brincos, colares, pulseiras, *jóias sacralizadas.*
15. Dentes de jaguar, conchas de múrice, ossos de baleia, pés-de-coelho, objetos típicos das carências antiecológicas do *Homo superstitiosus.*

A conscienciometria, especialidade científica da Conscienciologia, através de exercícios técnicos apropriados, que você – uma conscin –

pode conhecer a si próprio muito mais profundamente e alcançar outras dimensões conscienciais com eficiência maior, libertando-se dessas muletas rituais, andaimes frágeis, artifícios psicofísicos e enfrentando a si mesmo.

Andaime é recurso para ser usado somente *durante* a fase da construção e não *depois* que a construção ficou pronta. Você não precisa ser *fiel*, escravo de si próprio, com *guizos sob o queixo* e *cangas sobre o pescoço*, o tempo todo.

Ao decompor o seu soma (dessoma), você (consciência) não morre, não leva consigo nem uma dessas muletas e, nem por isso, será um *deficiente extrafísico.*

De você depende deixar, ou não, de ser um *espírito-espiritualista-materialista*, escravo de *lavagens subcerebrais,* robô de uma doutrina, seja esta qual for.

Questão:

Você vive de consciência lúcida ou sob andaimes?

Por alguns milênios, os Serenões ainda serão escassos na Terra.

67. TESTE DO ABSTENCIONISMO DAS CONSCINS

1. A Conscienciologia aprofunda discussões sobre o que se passa dentro de nós, na intimidade, se queremos operar uma reforma pessoal para melhor e esquecer o passado de inexperiências e equívocos irresponsáveis.

2. Se pretendemos resgatar nossa lucidez evolutiva, os 100% de nossos *cons,* a holomaturidade, enquanto seres intrafísicos, urge processar ampla mudança íntima nos hábitos de sentir, pensar e aplicar os pensenes. Será sempre ideal fazer tudo isso sem passar pelos pedágios dispensáveis do misticismo, da gurulatria, do salvacionismo, demagogias, e autocorrupções bolorentas e fossilizantes. A reconstrução de nós mesmos pode ser desenvolvida através de um modelo de auto-evolução com criatividade.

3. *O discernimento consciencial faz você alijar, em definitivo e sem defesas do ego, o* ***dispensável.*** Você deixa de defender o indefensável e de repetir anacrônicas automimeses desnecessárias.

4. Dentre os mecanismos primários de defesa do ego, um dos mais empregados na Socin é a *falácia da autocorrupção* que diz: na qualidade de teoria, as idéias libertárias são promissoras, contudo não funcionam na prática, pois são inexeqüíveis, excessivamente românticas para o cotidiano humano.

5. Quanto à Conscienciologia, que tem na consciência o seu primeiro instrumento de pesquisa, essas conjecturas irracionais e tais ações de não-enfrentamento do próprio ego, não funcionam. A projetabilidade lúcida elimina o diletantismo evolutivo e coloca em debate a questão do insustentável *abstencionismo da consciência* ou a sua neutralidade quanto à automaturidade integrada.

6. Na atmosfera patológica em que vivem, as conscins fiéis ao seu abstencionismo quanto à evolução autoconsciente, compõem o seguinte quadro: todos sabem da existência do abstencionismo irracional quanto à maturidade, todos o admitem *in petto*, mas ninguém o combate. Assim, a exploração comercial-industrial da juventude prossegue franca. A Socin anseia permanecer com essa face submersa, emprega

os argumentos mais surrados, inspira palavras de ordem medievalesca em desacordo com a Era da Informática e da Astronáutica.

7. As experiências pessoais multidimensionais demonstram que tais argumentos antiquados não honram os seus defensores, acometidos por indigência mental e intelectual, perante a cosmoética e a incorruptibilidade possíveis. Nessa situação, 2 ordens de fatos estabelecem as diferenças: os *fatos do abstencionismo* das consciências, de modo grupal e coletivo; e os *fatos da projetabilidade* das consciências, de modo individual e íntimo. Sem o esforço pessoal, essa antiga patologia social (sociopatia) continuará. Até quando, afinal? Isso depende também de você, na qualidade de ser social componente da Socin. *Lamentação* é preguiça.

Questão:

O que você tem feito ante o abstencionismo consciencial?

Trinômio da decisão: **aqui-hoje-já.**

68. TESTE DA EVITAÇÃO DOS SACRIFÍCIOS INÚTEIS

Só as conscins imaturas se sentem realizadas e não aplicam algum tempo às ***reflexões.***

Ocorrências das mais lastimáveis, dentro da evolução das consciências, é o sacrifício pessoal, ou grupal, evitável e inútil, *sem resultados diretos pró-evolução* de todas as consciências.

Eis 12 fatos sacrificiais dispensáveis para a sua ponderação:

1. A *mortificação pessoal dos sentidos* por autoculpas a respeito de fatos sobre os quais ninguém mais sofre, nem quer saber e nem mesmo discutir.

2. As autoflagelações, as *promessas irracionais* e os cilícios fanáticos em qualquer de seus tipos e manifestações de cegueira e imaturidade primitiva.

3. O *sofrimento autopunitivo* de alguém, sem qualquer purgação ou catarse, a respeito de razões que não correspondem à verdade dos fatos, pelas quais se amargurou década após década. O *sacrifício de si mesmo* pode ser lógico ou ilógico.

4. A abstinência da atividade sexual, mortificando o *fogo dos instintos* pelo celibato, que hipotrofia os órgãos físicos e a capacidade decisória do fiel fanático, transfigurado em *eunuco de almas*, preso a fascínios grupais. Em 1993, 20 *amantes secretas* de padres católicos promoveram passeata no Vaticano, exigindo o fim do celibato.

5. A retratação solene e tardia ou a confissão pública (*exomologese*) de delito que não ajudam a ninguém, e só pioram o entendimento dos fatos antigos e a harmonia das pessoas, ainda vivas, envolvidas.

6. A *fuga errante* e prolongada daquele desertor enfurnado na selva equatorial, sempre atormentado pela guerra que terminara há mais de 3 décadas.

7. O oferecimento da própria vida em holocausto de expiação pela ignorância dos outros não-merecedores, ao modo de *bode expiatório.*

8. O ato de infligir a si próprio castigos corporais dispensáveis pela adoração injustificada e cega, de alguém, por pessoa ou ideal vazio que não merecem, racionalmente, qualquer sacrifício, em uma condição de *purgatório em vida.*

9. A pessoa que se penitencia, faz jejuns (*xerofagia*), macerações ou se imola visando a objetivos austeros, mas negativos ou doentios de qualquer natureza.

10. O *masoquismo silencioso,* discreto e ascético da pessoa que só se ocupa de obrigações das quais não gosta, durante décadas, sem palavra de revolta nem também nenhum esforço de esclarecimento consciente.

11. As renúncias excessivas da mãe, *defensora do indefensável,* em favor do desagravo do filho, criminoso nato, escravo irrecuperável do esquema trágico de um soma teratológico, geneticamente tarado. A Bioética e a *engenharia genética* estão chegando.

12. As *repetições de sacrifícios* dispensáveis, vida após vida, buscando a salvação da própria ignorância do crente ou fiel religioso fanático.

Questão:

Você vem desenvolvendo alguma atividade com sacrifício inútil e irracional em sua atual existência?

O cúmulo da incoerência
***é a* mulher-mãe-soldado.**

69. TESTE DO SUBCÉREBRO ABDOMINAL *ATRAVÉS DA CRENÇA*

Eis 30 práticas imaturas ou irracionais dos adeptos de seitas e religiões, em épocas e locais diversos, para as pesquisas do subcérebro abdominal:

1. **Adramelec:** os adoradores assírios do Diabo queimavam crianças em seus altares.
2. **Agapetas:** os adeptos faziam o voto de castidade vivendo juntos sob o mesmo teto.
3. **Aghorapantis:** os seus seguidores – canibais hindus – comiam carne de defuntos.
4. **Amish:** religiosos que vivem da cultura do tabaco para cachimbo e charuto (1992).
5. **Ananda Marga:** 8 de seus membros imolaram-se pelo fogo em Genebra (1978).
6. **Angimacurianos:** ascetas hindus, meditadores, que se alimentam só de insetos.
7. **Budzos:** fanáticos coreanos defensores do suicídio por inanição, como virtude.
8. **Cainitas:** gnósticos adoradores de Caim, o assassino do seu irmão Abel (Séc. II).
9. **Comunidade do Mágico Rio Negro:** estes siberianos não tomavam banho (1913).
10. **Cordumentes:** os crentes de sexos diferentes dormiam juntos pela *caridade cristã.*
11. **Docetistas:** admitiam Jesus de Nazaré só em forma aparente, sem *corpo de carne.*
12. **Dukhoborkzis:** sectários que praticavam abertamente o *amor livre* (Séc. XVIII).
13. **Evadistas:** exaltadores do *sexo* e da sensualidade como um "Evangelho" (1830).
14. **Hashishim:** muçulmanos viciados em *drogas* e dedicados à pilhagem (Séc. XI).
15. **Igreja de Satanás:** adoradores do *Diabo* que realizam "missas negras" (1992).

16. **Igreja Deus e Amor:** os crentes votam grande desconfiança à *Medicina* (Brasil).

17. **Igreja Messiânica Mundial:** os adeptos são contrários aos *remédios de farmácia.*

18. **Jumpers:** os seguidores davam *pulos de alegria,* durante os serviços religiosos.

19. **Kanito:** defensores da liberdade, da dissolução dos costumes e *danças obscenas.*

20. **Khlysti:** os crentes russos usavam a *flagelação mútua* nas reuniões (Século XVII).

21. **Muckers:** fanáticos alemães anunciadores da iminência do *fim do mundo* (1864).

22. **Multiplicantes:** sectários franceses praticantes do *ato sexual* ante 3 testemunhas.

23. **Nagas:** religiosos hindus modernos que não permitem a matança das *vacas* (1992).

24. **Patarinos:** crentes para os quais o *matrimônio* era um ato mau (Século XII).

25. **Paternianos:** fiéis praticantes da *devassidão,* contra toda mortificação (Século IV).

26. **Ras Tafarianos:** sectários que não pagam *impostos* e atacam as autoridades (1992).

27. **Runcários:** praticantes de agitada *vida sexual* porque "o corpo não tinha culpa".

28. **Tanquelmo:** o fundador desposou publicamente mera *imagem* de Maria (Séc. XII).

29. **Testemunhas de Jeová:** cristãos insultadores das igrejas cristãs (1992).

30. **Zenshu:** profitentes japoneses do *aniquilamento final do homem* (Século XVI).

Pela holomaturidade, torna-se inadmissível alguém, conhecedor dos princípios da Conscienciologia, ser seguidor de qualquer corpo de idéias retrógradas iguais a estas.

Questão:

Como você reage a estas considerações?

70. TESTE DA SUA ORGANIZAÇÃO CONSCIENCIAL

Das mais legítimas demonstrações de maturidade consciencial é a coerência de nossas ações planejadas no tempo e no espaço da vida humana.

O preceito mais inteligente, neste caso, é o fato de que todo excesso tende a prejudicar a organização auto-evolutiva da consciência.

O monstro existe porque é excessivo de algum modo.

A teratologia é crescimento anormal, patológico, de algo que devia ser normal e sadio. Faltou, no contexto, a organização dos efeitos entrópicos.

Se a conscin esquece a multidimensionalidade, ela perde as 8 horas de sono diário necessárias ao soma, mas desnecessárias à consciência. A conscin que permanece se projetando extrafisicamente, com lucidez, *o tempo todo,* pode acabar se alienando das obrigações naturais da vida intrafísica e da execução da proéxis.

A projetabilidade lúcida também tem suas regras lógicas e sábias.

Conjugar tempo, espaço e esforço, através da organização pessoal, evidencia o discernimento maior do ego. Fora disso, só existem imaturidades. Nossa *organização pessoal* importa mais que a organização alheia.

Empurrar com a barriga é autocorrupção primária.

Não ter pontualidade nos compromissos é mau negócio.

Deixar-se viciar por alguma paixão animal pode ser suicídio lento.

Priorizar é o caminho ideal para se agilizar a auto-evolução.

Organizar-se é diminuir repetições de vidas humanas e automimeses dispensáveis.

Questionar é evoluir.

Veja, experimentador ou experimentadora, o gabarito da sua organização através das respostas a 9 perguntas-teste simples:

1. Vivo supervalorizando atividades secundárias no todo dos meus atos?

2. Conduzo minhas coisas em conjunto, ao mesmo tempo, *de eito,* sem deixar rastro negativo para trás (atacadismo consciencial)?

3. Termino corretamente meu esforço social, intelectual ou esportivo bem começado? A *vontade* é o agente desencadeador do pensene.

4. A estrutura disciplinar de minha vida é a que melhor corresponde aos objetivos da organização consciencial? A *intenção* é o carregador prático do pensene.

5. Sou organizado, em meus horários, a ponto de saber quando devo parar, na hora certa, para recomeçar no dia seguinte?

6. Aplico excessiva paixão naquilo a que me dedico?

7. Desempenho diversas tarefas simultaneamente sem negligenciar nenhuma, cumprindo novos deveres sem *passar por cima* de certas obrigações antigas?

8. Minhas priorizações são inteligentes ou podem ser aperfeiçoadas?

9. Sei conviver com a Biologia do soma a fim de não sacrificá-lo?

Questão:

Sendo consciência, venho cumprindo minhas atribuições e objetivos existenciais evolutivos (proéxis) na Socin?

Moderação é inteligência madura.
Radicalismo é ignorância crassa.

71. TESTE DO SEU DISCERNIMENTO AVANÇADO

A vivência do autodiscernimento do mentalsoma, exige de você pelo menos 10 tomadas de posição no dia-a-dia:

1. A vivência da *cosmoética* como plataforma para errar menos.

2. Os objetivos evolutivos mais elevados do grupocarma, postos em primeiro lugar perante os problemas do *casal íntimo.* Há *medidas* nas coisas.

3. O holossoma aplicado nas *performances* das *interfusões conscienciais* e não nos apetites do seu soma, prejudicando o bem-estar de todos.

4. A extensão do seu espaço consciencial e o período do seu *tempo consciencial* preenchidos pelas preocupações em favor de muitas consciências e não em prol de uma ou de 2 apenas.

5. A *lógica pura* e coerente consolidando a estrutura do ponteiro (vontade, intenção, decisão) da sua consciência, onde você se manifesta.

6. O *bem-estar coletivo* colocado acima dos seus interesses pessoais. A rigor é o que todos nós temos mais *iure et facto.*

7. As metas ideais da *equipe multidimensional* de trabalho universalista (maximecanismo) assentadas, de modo prioritário, sobre as questões da *dupla evolutiva* (minipeças). A condição da *maxifraternidade* é completamente apátrida.

8. Os princípios do grupocarma direcionados para os *serviços* policármicos emancipadores. Que *campo de trabalho* você cultiva?

9. Os interesses da *pauta dos trabalhos diários*, em conjunto, precedendo as folhas de consultas e requisições individuais que, se se deixar, surgirão a todo momento, envolventes e neutralizadoras dos melhores esforços.

10. O esforço diário das verdades relativas de ponta sobrepujando as suscetibilidades e mágoas de um ou de vários elementos da *equipe multidimensional*, intra e extrafísica, em serviço entrosado. A *teatização* precisa ser vivida.

O meu, o seu ou o nosso local de trabalho de libertação das consciências não pode ser, sobretudo, um consultório sentimental para o atendimento das paixões individuais, egocêntricas, tão-somente do instante que passa.

As metas do *aqui-e-agora multidimensional* precisam superar todas as reivindicações do aqui-e-agora intrafísico. Daí decorre a dinamização da evolução.

Eis 4 coisas inúteis que a inteligência manda eliminar:

O *risco na água.*

A *rasteira no vento.*

O ato solene *pro forma.*

A corrida atrás do impossível.

Se as verdades relativas de ponta da Conscienciologia não fazem você mais confiante, com despojamento e autenticidade pessoal, seja realista ao menos em uma postura: esqueça que essa ciência existe.

Você, de fato, ainda não está preparado para vivenciar seus princípios ou fundamentos.

Questão:

O que você pensa desta abordagem realista?

O acaso é o *fruto do céu* ***que o tolo, o poeta e o "filósofo" ficam, por aí, esperando cair.***

72. TESTE DA LIBERTAÇÃO DO SUBCÉREBRO ABDOMINAL

Eis, como exemplos, 30 condições ou qualidades da essência prática da consciência, quando constituída, *em uma hipótese,* por 1.000 cons, e que, se vivenciadas, eqüivalem a – *pelo menos* – 10 cons (unidades de lucidez consciencial) cada uma:

1. ***Anterioridade:*** a autoconsciência pré-existencial ou intermissiva em alto nível.
2. **Antidispersividade:** a maturidade integrada dos desempenhos conscienciais.
3. **Antimaterialidade:** a reação evoluída da conscin contra o materialismo cego.
4. **Apatricidade:** a noção *maxiuniversalista e lúcida* da conscin quanto à cidadania.
5. **Assistencialidade:** o senso da generosidade prática no maxiuniversalismo.
6. **Autoridade:** o poder do nível evolutivo pessoal na condução da existência.
7. **Cardiochacralidade:** a emotividade da conscin, se dominadora do sexochacra.
8. **Cientificidade:** a conscin em alto nível de relação com a Ciência refutadora.
9. ***Conexidade:*** a conduta coerente na autoconscientização multidimensional.
10. **Convivialidade:** as ligações policármicas e cosmoéticas da consciência alerta.
11. **Cosmoconsciencialidade:** a conscin projetada e lúcida através do mentalsoma.
12. **Cosmoeticidade:** o elevado nível da cosmoética exemplificada pela conscin.
13. ***Desintoxicidade:*** as compensações energéticas, autocurativas e intencionais.
14. **Equanimidade:** o senso pessoal de justiça holocármica quanto ao Cosmos.

15. **Fecundidade:** a gestação *consciencial* de idéias libertárias e obras evolutivas.

16. **Holochacralidade:** a conscin nas vivências autoconscientes com o holochacra.

17. **Imperturbabilidade:** o nível de autocontrole ou auto-suficiência da consciência.

18. **Intelectualidade:** a consciência lúcida e suas múltiplas inteligências em si.

19. **Invulgaridade:** a consciência, suas potencialidades e seus talentos magnos.

20. **Logicidade:** a acuidade máxima da consciência lúcida, racional e discernidora.

21. ***Maxiconsensualidade:*** a sabedoria pessoal de vanguarda quanto à Evolução.

22. **Maxifraternidade:** o nível do altruísmo deliberado dentro do egocarma lúcido.

23. **Maxiprioridade:** a maturidade do livre-arbítrio pessoal.

24. **Maxiuniversalidade:** o senso pessoal de universalismo vivido e anti-sectarismo.

25. **Multidimensionalidade:** a vida consciencial multidimensional e autoconsciente.

26. **Omnicooperatividade:** a colaboração pessoal de vanguarda com o Cosmos.

27. **Operosidade:** o nível dos trabalhos libertários da proéxis pessoal em execução.

28. **Paraperceptibilidade:** o animismo e o mediunismo da conscin parapsíquica.

29. ***Perpetuidade:*** o senso pessoal quanto à vida consciencial una e continuada.

30. **Serenidade:** o nível consciencial de lucidez quanto à condição do serenismo.

Marque com tinta amarela as condições que já alcançou. Se somarem 15 ou mais, você já saiu do *porão consciencial.*

Questão:

Como vive você com o subcérebro abdominal?

73. TESTE DO SEU UNIVERSO INTRACONSCIENCIAL

A insinceridade como *inautenticidade*, no convívio humano, na vigília física, pode ser mascarada sem esforço.

Já a insinceridade como *para-hipocrisia*, no convívio com as consciexes ainda enfermas, é sempre engano fatal, porque instala o assédio de raízes extrafísicas.

A insinceridade como *não-despojamento*, perante as consciexes *amparadoras*, obstrui o desenvolvimento auto-evolutivo.

Sem um mínimo de confiança interconsciencial e multidimensional, não há clima para assistência permanente à conscin ao nível da tenepes, ou da tarefa energética, pessoal e diária; e do funcionamento de uma *ofiex* ou da condição de *síndico* em um condomínio físico-extrafísico de tarefa libertária.

Eis 8 incertas, como exemplos, adentro do seu mundo intraconsciencial:

1. "Ele é personalidade muito fraca. Posso vencê-lo quando quiser". "Ela é demasiado imatura. Não tem inteligência suficiente para enfrentar-me". Você alimenta e aplica idéias castradoras dos talentos alheios, ou atitudes mentais assediadoras, iguais a estas duas? A *sinceridade simpática* é rara porque é mais fácil ser sincero com antipatia. *Homem* sem consciência é cadáver.

2. Você supervaloriza, em seu favor, o nível mínimo da competição interconsciencial, necessária e inevitável, na vida humana?

3. Por se julgar evolutivamente mais avançado, você se sente com o direito de obter vantagens em seu benefício, espezinhando os direitos de outras conscins?

4. Você se excede quanto ao uso intenso de suas energias conscienciais ou quanto à competência técnica no emprego dessas energias?

5. Mesmo sentindo o seu ego mais forte, você abusa da força de sua *inatacável* fortaleza intrapsíquica ou intraconsciencial?

6. Usa egoística e anticosmoeticamente o seu taquipsiquismo (taquifrenia), a capacidade de pensar rápido, ou o seu juízo crítico desenvolvido?

7. Você evita o espírito de triunfalismo, mesmo o mais disfarçado aos olhos humanos, em qualquer circunstância intra ou extrafísica?

8. Para você é mais difícil, sem incorrer em ações espúrias, sobreviver à vitória do que sobreviver à derrota?

Estes *enganos mudos*, reunidos nesta listagem de *atitudes intraconscienciais*, têm um denominador comum, ou existem por uma só causa, em geral subestimada, porque é camuflada: a autocorrupção dos *pecadilhos mentais* ou *pato*pensenes.

Corrupções intrapsíquicas autocomplacentes, iguais a estas, compõem a razão da ênfase da auto-incorruptibilidade.

Questões:

Que tal fazer uma devassa, sem aviso prévio, agora, no seu *universo intrapsíquico* quanto à sua impecabilidade *cosmoética?* Você acha que vale a pena?

A *hipocrisia* ***comum nasce da inautenticidade.***

74. TESTE DA SUA CONSCIÊNCIA LÍDER

1. Numerosas conscins sentem, instintivamente, a necessidade de se apoiarem – sem adoração nem gurulatria – em outra conscin que as supere.

2. Quem quer liderar os outros deve começar por ser capaz de comandar a si mesmo. Neste ponto, o autocontrole é insubstituível.

3. O grupo sem líder é corpo sem cabeça. Uma assembléia é incapaz de comandar. Mais vale 1 *cientista* de primeira ordem do que 10 de segunda.

4. A conscin-líder não se define pelos sinais exteriores do seu soma.

5. Decidir é pouco. O importante é que as decisões sejam executadas.

6. A disciplina não visa a matar a personalidade da conscin, mas, sim, a regular e coordenar os seus esforços e *performances* através da auto-organização.

7. Nenhuma conscin-líder é super-homem ou supermulher. Contudo, é consciência altamente energética e alerta, que vive na condição do atacadismo existencial.

8. Todos somos iguais perante as leis da evolução consciencial, porém não somos idênticos em nossos níveis evolutivos. Há comandantes e há comandados.

9. A conscin-líder, quer queira quer não, é um epicentro de atração. Seus exemplos arrastam. As repercussões multidimensionais de seus atos são amplas.

10. A conscin-líder não considera ninguém, facilmente, na condição de incapaz. Em nosso atual nível evolutivo, todos temos alguma genialidade a desenvolver e proéxis a cumprir, idealmente sempre dentro da cosmoética.

11. Um líder – homem ou mulher – possui autoridade e natureza ávida de responsabilidades. *O verdadeiro líder é* ***educador*** *ou educadora autoconsciente.*

12. A liderança inata é um produto multiexistencial da conscin de ação, que adquiriu a rapidez do cálculo e a decisão pronta, através dos milênios da evolução.

13. Para comandar conscins é preciso saber dar de si. *Comandar* é servir.

14. Toda Socin tem por base a hierarquia dos valores de cada consciência.

15. Uma conscin-líder não tem estes traf*a*res: angústia; conformismo passivo; depressão psicológica; desorientação existencial; expressões de desprezo; falta de atenção; desconcentração psicológica; inquietude; nervosismo; palavras grosseiras; covardia; timidez; nem se deixa cair em uma síndrome de esgotamento (estresse).

16. A *vida* da conscin-líder fala mais alto e mais forte que a sua voz. Sua vida não pode contradizer suas palavras. A conscin-líder não se mantém na qualidade de líder sem a verbação no exercício prático da existência, ou seja: na vivência dia-a-dia.

17. A vontade inquebrantável é o agente de realização na auto-evolução consciencial, dentro do grupocarma, através dos pensenes.

O *Serenão* não lidera com a força do soma, porém com o discernimento do mentalsoma.

Não expulse o Serenão (ou a Serenona) que está dentro da sua consciência.

Questão:

Você, experimentador ou experimentadora, já se analisou na qualidade de conscin-líder?

O mais inteligente é deixar a semente da serenidade desabrochar na consciência.

75. TESTE CONSCIENCIOMÉTRICO DA SUA AUTENTICIDADE

Eis 13 princípios para a aferição da sua autenticidade consciencial na condição de personalidade intrafísica ou conscin:

1. Uma *coleção de amigos traídos* jamais agiliza a evolução da mulher. Nem corrigirá os desvios de autocorrupção consciencial. O mesmo acontece com o homem naquilo que lhe diz respeito.

2. O *percentual de consciencialidade* na vida intrafísica – facilmente aferido pelo próprio interessado – aponta exatamente o nível evolutivo do amparador extrafísico da conscin. O *amparador* articula, o assediador conspira.

3. A lealdade (sinceridade) à *procedência extrafísica pessoal* é o princípio da boa assistência extrafísica permanente, tenepes, ofiex e o *maximecanismo.* A cada 16 horas (das 24 do dia) a conscin deixa de viver 8 horas. A projeção consciente resgata esta perda diária.

4. A autenticidade na vida humana predispõe a obtenção da *autoconsciência extrafísica* maior da consciência projetada. É um efeito positivo ou cosmoético.

5. Quem vive a existência intrafísica sem confiar em alguém, tem dificuldade para marcar *entrevista preliminar extrafísica* com os Serenões. É uma questão de lógica simples. Uma condição predispõe a outra.

6. A *autenticidade franca* aperfeiçoa sempre o desempenho multidimensional da conscin.

7. A *doação universal,* razoável, *bate de frente* com a prostituição, a promiscuidade, e a Aids, por exemplo, injustificáveis.

8. *O* ***despojamento*** *da consciência se assenta no fato de que, a rigor, nada existe oculto.* Tudo é inescondível. Será sempre tolice querer fazer do escondimento de pensamentos, emoções e atos, norma diária.

9. A inautenticidade na conduta intrafísica mantém a consciência projetada escrava das *projeções conscienciais semiconscientes.*

10. Há um índice permissível de autocorrupção funcional. Além desse índice, a assistência extrafísica não se expande nem evolui. Tende,

ao contrário, a desaparecer da psicosfera ou cenário da consciência assistida, em qualquer dimensão consciencial.

11. A melhoria da *qualidade da assistência extrafísica* está na razão direta da qualidade de nossos interesses humanos e valores básicos conscienciais.

12. A permissividade humana é sempre maior e mais corruptora que a *permissividade multidimensional.* Esta última permissividade também recebe o nome de *misericórdia,* conceito muito comum, integrante das "frases que consolam".

13. A atitude de retranca, ou fechamento excessivo, mantém uma área penumbrosa maior e mórbida, na personalidade. É o *lado escuro da estrela* que orbita em sua evolução contínua. O *patopensene,* embora silencioso, não deixa de ser doentio.

Questão:

Você obedece a todos estes princípios de autenticidade?

O desperto não tem mais nenhuma
área de sombra *densa.*

76. TESTE DAS SUAS METAS MULTIDIMENSIONAIS

A *Conscienciologia* estuda a consciência integral.

A consciência é mais do que pensamento puro.

*Os **autopensenes** só se aperfeiçoam através da reflexão.*

Urge testar sempre a nossa capacidade de reflexão sadia quanto aos nossos pensenes. Daí por que são relevantes as reflexões teóricas e suas conseqüências práticas, ou *teáticas,* a respeito das sínteses fundamentais da Conscienciologia, ou quanto às metas essenciais dentro da evolução autolúcida da consciência, como se faz neste livro.

Eis 20 metas multidimensionais de razoável importância para todos nós:

1. **Autocrítica:** a *meta* é o autoconhecimento vivenciado em nível elevado.

2. **Autolucidez:** a *meta* é a obtenção do estado da consciência contínua.

3. **Automotivação:** a *meta* é a manutenção da coerência pessoal produtiva.

4. **Conhecimento humano:** a *meta* é a obtenção da utilidade pessoal na Evolução.

5. **Cosmoética:** a *meta* é a vivência da incorruptibilidade deliberada e constante.

6. **Discernimento:** a *meta* é a obtenção da holomaturidade consciencial.

7. **Energia consciencial:** a *meta* é a mobilização de todas as energias sob o domínio da vontade.

8. **Invéxis:** a *meta* é a sabedoria humana aplicada na dinamização da auto-evolução.

9. **Parapsiquismo:** a *meta* é a autocompensação bioenergética ou a autocura lúcida.

10. **Pensenidade:** a *meta* é a conquista do pensamento fecundante do Universo.

11. **Personalidade humana:** a *meta* é o despertamento total da mentalsomática.

12. **PL:** a *meta* da autoprojetabilidade lúcida (projeciologia) é a autoconscientização multidimensional ininterrupta.

13. **Renúncia pessoal:** a *meta* é viver a maxifraternidade.

14. **Retrocognições afetivas sadias:** a *meta* é a evitação de erros do passado pessoal.

15. **Serenismo:** a *meta* é a evolução consciencial em um curso evolutivo avançado.

16. **Tares:** a *meta* é o serviço intencional de esclarecimento mais amplo às consciências, com a abertura da conta corrente policármica pessoal.

17. **Tenepes:** a *meta* na execução da tarefa energética, pessoal, assistencial e diária, é a dinamização da evolução energética, intraconsciencial (anímica) e parapsíquica.

18. **Universalismo:** a *meta* é o despojamento cosmoético levado ao seu máximo.

19. **Verdades relativas de ponta:** a *meta* é a atualização da evolução pessoal (egocarma) e grupal (grupocarma), a fim de se chegar ao Cosmos (policarma).

20. **Vontade pessoal:** a *meta* é o uso do livre-arbítrio mais inteligente possível, hoje, neste Planeta, a fim de nós – pré-serenões – alcançarmos a condição evolutiva e mais imediata, do desassédio interconsciencial, permanente e total (desperticidade).

Não veja nesta relação de sínteses meras páginas literárias ou exercícios filosóficos. Com toda auto e heterocrítica, o teste para aferição prática pode ser prioritário aos seus conhecimentos.

Questão:

Quais são as suas metas multidimensionais?

A recuperação dos* cons *depende dos módulos de inteligência predominantes na conscin.

77. TESTE DO SEU NÍVEL DE CONSCIENCIALIDADE

O nível da sua consciencialidade e o índice de qualidade real da sua consciência quanto à evolução, neste momento de seus desempenhos, compõem a *reunião* de várias abordagens conscienciais, por exemplo, estas 9 enfatizadas pela Conscienciologia:

1. **Auto-evolutividade.** *Abordagem* evolutiva consciencial – igual a todas as relacionadas à frente – com variáveis pertinentes específicas: desempenhos pessoais; tares; proéxis; gestações conscienciais; Socin; somaticidade; sexualidade madura; holorgasmos; teaticidade; tecnicidade; assistencialidade; serialidade; intermissibilidade; comunicabilidade; Orientador Evolutivo; compléxis.

2. **Hiperacuidade.** *Abordagem* com as seguintes variáveis pertinentes: cons; autolucidez; autoconscientização multidimensional; multidimensionalidade; Sociex.

3. **Autopensenidade.** *Abordagem* evolutiva com estas variáveis pertinentes: pensenes; autodiscernimento; pensenedores; holopensenes; paracérebro; mentalsomaticidade; escolaridade; autodidaxia; priorizações conscienciais; consciencies.

4. **Autocientificidade.** *Abordagem* com estas variáveis: logicidade; refutações; auto-organização; cultura; generalismo; polimatia parapsíquica; invéxis; recéxis.

5. **Sanidade consciencial.** *Abordagem* com estas variáveis pertinentes: flexibilidade holochacral; desassins; holochacralidade; estado vibracional pessoal; tenepes; isca consciencial lúcida; conscienciοterapia; homeostase holossomática.

6. **Autocosmoeticidade.** *Abordagem* com as seguintes variáveis pertinentes: verbação; correção pessoal; autocriticidade; auto-incorruptibilidade; autocoerência.

7. **Holocarmalidade.** *Abordagem* com estas variáveis pertinentes: primener; egocarma; grupocarma; abertura autoconsciente da conta corrente policármica.

8. **Holomaturidade.** *Abordagem* com estas variáveis pertinentes: traf*o*res; estado da consciência contínua; atacadismo consciencial; invulgaridade; maxifraternismo; epicentrismo consciencial; desperticidade; serenidade; entrevista preliminar, extrafísica, com *Homo sapiens serenissimus* ou Serenão.

9. **Autoconsciencialidade.** *Abordagem* com as seguintes variáveis pertinentes: projetabilidade lúcida; Conscienciologia; Conscienciometria; Projeciologia; Conscienciograma. Esta abordagem *resume* as 8 abordagens conscienciais anteriores.

Estas 9 abordagens evolutivas da consciência são diferentes quanto à sua natureza, contudo todas se interagem e se eqüivalem.

Quando identificamos e avaliamos uma delas, identificamos e avaliamos, ao mesmo tempo, todas as outras, pois umas dependem das outras. Isso evidencia a interação inevitável dos atributos e potencialidades que vigoram no microuniverso de cada conscin, em meio a todas as suas inteligências.

O fato enfatiza a sabedoria de se corrigir todas as fissuras conscienciais e brechas comportamentais *(gaps da verbação)* na auto-evolução lúcida.

Questão:

Você identifica alguma fissura consciencial notável em si mesmo?

O** cordão de ouro **é a muleta semifísica última que a consciência descarta.

78. TESTE DAS SUAS PEQUENAS ATITUDES

Você não entendeu perfeitamente, a fundo, o alcance da sua renovação consciencial evolutiva, proposta pela Conscienciologia e a projeciologia, se ainda exibe algumas destas 18 pequenas atitudes ou posturas pequeninas:

1. Atua deslealmente nas interrelações com os seus próprios colegas, mais chegados, de evolução e de estudo libertário (interprisão grupocármica).

2. Está preso às compulsões de rezas periódicas (coleiras do ego).

3. Prossegue saltando, o tempo todo, de uma linha de conhecimento para outra sem se fixar na melhor, com discernimento, de modo consensual, na condição vulgar ou medíocre do buscador-borboleta.

4. Precisando, não se esforça para burilar a comunicabilidade pessoal estacionada na introversão (autobloqueio do laringochacra).

5. Faz cursilho e batiza filho em alguma igreja (doutrinação).

6. Conhecendo já alguma coisa de si próprio, entrega-se à preguiça mental crônica, própria da consciência impensante (descompensação do coronochacra).

7. Não tem mínima auto-organização razoável (entropia egóica).

8. Não prioriza o domínio do estado vibracional na vida prática, dia-a-dia (bloqueios chacrais ou inflexibilidade holochacral).

9. "Empurra a vida com a barriga", buscando "tirar vantagem em tudo" (gersismo ou o intrafisicalismo imaturo da Socin).

10. Decide a sua vida através da ditadura supersticiosa de horóscopos e tarôs (personalidade inativa de consciência pesada).

11. Anda daqui para ali com patuá dependurado no pescoço.

12. Coloca a sua política egocêntrica acima do interesse geral (personalismo do *subcérebro abdominal;* remanescência patológica do porão consciencial).

13. Ministra ou freqüenta "curso sobre crisma" em instituição tradicional do profissionalismo religioso (incoerência entre retaguarda e vanguarda evolutiva).

14. Sujeita-se cegamente, à tirania da opinião pública ou às frivolidades da moda do dia (automimeticidade consciencial; robotização existencial ou a *robéxis).*

15. Podendo reformar-se, acomoda-se a um soma flácido, produto do sedentarismo ou da inatividade (descompensação da oxigenação e do holochacra).

16. Vive constrangido por onde vai, *persona non grata,* chaminé ambulante, dobrado pelo vício do fumo ou o tabagismo (descompensação do cardiochacra).

17. Mantém enorme abdome (obesidade) na condição de "comilão (ou comilã) sadio", porque se alimenta em excesso (monopólio do umbilicochacra).

18. Acende vela "para iluminar o caminho de doente" (superstição infantil).

Questão:

O que você admite, experimentador ou experimentadora, quanto a isso?

Toda** conscin **expõe a sua intimidade através das atitudes pequeninas.

79. TESTE DA SUA CONSCIÊNCIA CURIOSA

Há toda uma série de coisas, objetos e temas parapsíquicos – notadamente dentro da Consciencioterapia – bastante instigantes e curiosos, por exemplo, estes 30:

1. Aura clitoridiana e o autodiagnóstico da maturidade do ginossoma.
2. Aura peniana e o autodiagnóstico da maturidade do androssoma.
3. Catatonia extrafísica, suas características, incidência e parapatologia.
4. Condição da cegueira física nas projeções conscientes.
5. Conexões do holochacra no psicossoma, áreas estruturais e parafisiologia.
6. *Cordão de ouro* (conexões mentalsomáticas), sua estrutura e parafisiologia.
7. *Cordão de prata* (liames holochacrais), sua estrutura, parafisiologia.
8. Correntes de energias em geral nas dimensões conscienciais extrafísicas.
9. *Dor fantasma,* sua relação com o psicossoma e parapatologia.
10. *Duplo energético* dos objetos físicos, tipos e classificação.
11. Elongação, por exemplo, do parabraço do psicossoma.
12. Estado vibracional, pessoal, maduro e avançado.
13. Holochacra solto na qualidade de uma condição sadia.
14. Holopensene pessoal básico na condição de uma causa predominante.
15. Holorgasmo conjunto do casal íntimo dentro da condição da dupla evolutiva.
16. Identificação de um local extrafísico interditado e suas características.

17. Projeções conscientes, seriadas e entrosadas na intimidade dos atributos da conscin.

18. *Perda da respiração* da conscin projetada em uma dimensão extrafísica.

19. Primener a dois do casal íntimo (dupla evolutiva) e suas características.

20. *Rastro de luz* do psicossoma da conscin projetada.

21. Serenão ou Serenona *(Homo sapiens serenissimus)* e seus desafios gerais.

22. Seus *trajes extrafísicos* habituais quando projetado com lucidez.

23. Sinalética parapsíquica ou o seu *megassinal* energético-anímico-parapsíquico.

24. Sons intracranianos durante a decolagem do psicossoma.

25. Transmigrações conscienciais interplanetárias e suas conseqüências.

26. Traumas extrafísicos da conscin projetada com repercussões intrafísicas.

27. Um dos chacras duplos, ou bilaterais, palmares (palmochacras).

28. Um *retrocognitarium* pessoal instalado e funcionante.

29. Uma repercussão física produzida durante uma projeção consciente.

30. Visão panorâmica da conscin projetada na qualidade de fenômeno sadio.

Questões:

Qual o fato mais curioso que você encontra na Conscienciologia e na projeciologia? A sua curiosidade sadia é suficiente e capaz de levar você a pesquisar teaticamente, em profundidade, um desses temas parapsíquicos?

***A posse de um grande* livro**
***não faz um grande* sábio.**

80. TESTE DA SUA CONSCIÊNCIA PRIORIZADORA

1. *Viemos à **vida intrafísica** para servir uns aos outros.* Esta é nossa prioridade primeira e máxima perante a evolução consciencial.

2. Somos consciências. Não somos daqui. Nem somos nossos somas. Renascemos dentro de um contexto humano acanhado, sectário ou universalista. Mas, nem nós, nem os Serenões, somos *terrígenos* ou produzidos na terra ou neste Planeta.

3. Sua inteligência se expressa no que você faz. Importa mais, para todos, se você alcançar a maturidade lúcida o mais rápido possível, ou mais cedo, e dinamizar esforços para o autoconhecimento.

4. Em nosso atual nível evolutivo, não há priorização lógica em qualquer coisa que exclua a vivência da bioenergética, holossomática e multidimensionalidade que caracterizam a nossa evolução na condição de consciências.

5. A qualidade de nossa liderança há de ser prioritária. Temos de superar nosso *pré-serenismo fetal* com a vivência madura dos atributos conscienciais do serenismo mais lúcido e vivenciado. O protótipo do *altruísmo* é o herói autêntico.

6. Pouco nos adianta repetir – através da automimeticidade indesejável – tão-só o que já fomos ou fizemos, ou ainda sermos: líder reprodutor ou reprodutora de corpos humanos; líder místico de império religioso; líder da tacon, ou tarefa da consolação; líder da Ciência convencional, detentor de prêmio Nobel, adstrito a interesses exclusivamente humanos; líder político, nacionalista, de visão paroquial ou xenófoba; ou líder *buscador-borboleta* ansioso por verdades relativas de ponta sem se definir por nenhuma delas, dentro da linha libertária das consciências.

7. Também pouco nos adianta sermos iguais à mediocridade de apenas empregar mecanismos de defesa do ego, trabalhando, abnegados, em favor de corpos humanos (somas) e não das consciências motivadas, perdendo um terço de nossa vida dormindo, literalmente, na condição da *paracomatose consciencial evolutiva.*

8. Não é pretensão, nem alienação consciencial, nem elitismo, quando priorizamos os esforços objetivando servir à coletividade ex-

trafísica (Sociex), por exemplo, aos 60 *bi*lhões de *supostas* consciexes da psicosfera deste Planeta (100%), ao invés dos 5,5 *bi*lhões de pessoas hoje existentes (9,16% dos 60 *bi*lhões), ou, o que é pior, em favor apenas dos 146 *mi*lhões de habitantes (2,65% dos 5,5 *bi*lhões) que compõem, em, 1992, a população de um país igual ao Brasil, da qual fazemos parte.

9. Logicamente, quanto mais amplo o universo de consciências que constitua nosso alvo para servir ou, pelo menos, tentarmos servir, *melhor.*

10. Recusemos programas pequenos, vistas curtas e a mentalidade estreita. *Viremos nossa própria mesa evolutiva* com priorizações inteligentes.

Questão:

O que você fez hoje, desde esta manhã, até este momento, visou a servir, construtivamente, a quantas consciências?

Ampliemos o nosso círculo da megafraternidade.

81. TESTE DAS SUAS MEGAPRIORIDADES

Quando abordamos a questão da maturidade do livre-arbítrio pessoal, 4 questões se impõem aos estudiosos da projeciologia e Conscienciologia em geral, praticantes do autodomínio energético e projeções conscienciais lúcidas: o parapsiquismo, assistencialidade, autocura e princípios para se viver.

A mediunidade se manifesta através das *próteses* mais sofisticadas da conscin, ou consciência intrafísica: o cérebro humano, o sistema neurológico, o mecanismo da fala e o controle dos músculos. Não sendo recurso estagnador, desenvolve-se e evolui sempre. Para isso precisa do animismo básico, indispensável, do médium. Este, quando evoluído, trabalha como companheiro, mãos nas mãos, ombro a ombro, com as consciexes assistenciais extrafísicas; e não apenas qual subalterno, submisso, passivo, cego ou escravo *de canga no pescoço.*

A rigor, o médium, o sensitivo ou o *agente psi, já eram.* O que importa é a condição do *epicon lúcido.*

Assim nasce a primeira questão:

1. Sou escravo ou companheiro no exercício correto do meu parapsiquismo?

O *servir aos outros* é a divisa fundamental melhor para a vida humana, um princípio que recebe o consenso universal. Contudo, isso não significa servir tão-só para encher estômagos famintos, um trabalho já exercido pela Socin, mesmo sendo patológica. Será muito mais inteligente servir ao despertamento das consciências, o que é mais difícil, menos simpático e exige maior dedicação.

Daí vem a segunda questão:

2. Dedico-me, prioritariamente, à corriqueira tacon, tarefa assistencial da consolação, ou à evoluída tares, tarefa assistencial do esclarecimento?

O chamado *trabalho de cura,* inclusive relativo às mazelas do soma, ou corpo físico, é indiscutivelmente bastante positivo. Entretanto, ninguém cura, a rigor, outrem. Só existe a autocura. No caso, ocorre um auxílio providencial, mas sempre um paliativo, sendo preferível o esforço de ajudar a consciência a *curar a si mesma,* o que é muito mais complexo.

Aqui surge a terceira questão:

3. Priorizo, evolutivamente, o emprego do soma ou do mentalsoma para mim e para os outros, conscins e consciexes? A *biblioteca* é o refeitório do mentalsoma.

Toda *doutrina libertadora,* seja filosófica, religiosa, ideológica, ou outras, pode ajudar sobremaneira a personalidade humana.

Entretanto, toda doutrina humana também apresenta princípios rígidos inamovíveis, defende "verdades absolutas" inverificáveis e mantém a fascinação de grupo ou as *lavagens subcerebrais* que são peculiares às suas autodefesas a fim de sobreviver.

Aí aparece a quarta questão:

4. Sou escravo de doutrina humana passageira, ou vivo segundo princípios pessoais, escolhidos com discernimento até as últimas minúcias e conseqüências?

Para você será prioritário o estudo detalhista das respostas a estas 4 questões-proposições autocríticas.

Disciplina é vontade.

Questão:

Quais as suas conclusões sobre estas 4 proposições?

O estudo das *prioridades*
em nossas escolhas diuturnas
é irrecusável e insubstituível.

82. TESTE DAS SUAS MEGACONCILIAÇÕES

Em seus exercícios práticos e íntimos, auto-avaliativos à luz da Conscienciologia, eis 11 conciliações exeqüíveis, porém das mais difíceis e desafiadoras em sua vida multidimensional:

1. **Holomaturidade.** A harmonização do emprego adequado do seu *omniquestionamento permanente* com a *incorruptibilidade geral* de sua consciência em busca da holomaturidade, ou a maturidade integrada através da memória causal e o discernimento máximo possível. *Nossa maturidade consciencial é a metade do nosso destino.*

2. **Afetividade.** A junção, completamente integrada, de sua *incorruptibilidade afetiva* (psicossoma ou paracorpo), no seu dia-a-dia dentro da Socin.

3. **Vivências.** A união da autenticidade de suas *vivências intrafísicas,* transparentes para os outros, com a autenticidade de suas *vivências extrafísicas,* mais transparentes tão-somente a você, na condição de *consciência projetora,* lúcida e veterana.

4. **Autocoerência.** A manutenção simultânea da autocoerência, na qualidade de *ser social,* com os efeitos poderosos das retrocognições multiexistenciais, afetivas e plurisseculares, na sua qualidade de *ser consciencial,* parapsíquico e multidimensional.

5. **Sexualidade.** O ajustamento harmonioso, em nível elevado, da energia consciencial, sexochacral, viva – mantenedora do seu *holopensene sexual* sadio – com a sua afetividade vivida.

6. **Convivialidade.** A coexistência pacífica do seu *sexo ativo* e desinibido, sem carência em sua sexualidade com alguém (casal íntimo), combinado à condição afetiva do *sexo inativo* e específico com outra ou outras pessoas próximas (casais incompletos).

7. **Castidade.** O congraçamento da incorrupção da imaginação (*sexo*pensenes e *pato*pensenes) com a condição da *castidade seletiva,* imposta pela vida humana, em relação a determinadas pessoas mais chegadas a você na cotidianidade.

8. **Ambigüidades.** O entrosamento lógico e cosmoeticamente coerente entre a sua *sofística inevitável* – as ambigüidades eventuais

na existência diuturna – com a sua *realidade viva* e multidimensional, o tempo todo.

9. **Ofiex.** A concordância da *teática* (teoria e prática) e da *verbação* (verbo e ação) em seus relacionamentos interconscienciais, intrafísicos (conscins) e extrafísicos (consciexes), com o funcionamento intensivo e permanente da sua ofiex pessoal.

10. **Holocarma.** A consolidação da *conta corrente egocármica,* base da sobrevivência humana, conforme as normas discernidoras do *holocarma,* base da sua evolução constante na qualidade de consciência multidimensional.

11. **Serenismo.** A combinação prática e honesta da sua *abnegação* máxima, dentro da busca do autoconhecimento, com a sua ansiedade para obter uma *entrevista preliminar,* extrafísica, com algum ser Serenão.

Estes 11 testes conscienciológicos decisivos são capazes de imprimir mutações reais e dinâmicas aos nossos esforços pela autoevolução consciente.

Questão:

O que você pensa destes 11 testes conscienciológicos?

Sua personalidade é finita,
mas sua* consciência *é infinita.

83. TESTE DA SUA CONSCIÊNCIA CULTIVADORA

Uma conscin pode ter obtido o cultivo pleno de razoáveis habilidades ou tra*f*ores ao modo, por exemplo, destes 30:

1. O ato de andar: Presença, Postura Social, Educação, Sociabilidade.
2. A arte de comer sadiamente: Gastronomia, Higiene, Somaticidade.
3. A arte de cozinhar: Culinária, Gastronomia, Somaticidade.
4. A arte de se vestir com dignidade: Presença, Educação, Sociabilidade.
5. A ciência do asseio pessoal: Educação Básica, Higiene Física, Higiene Mental, Higiene Consciencial.
6. A ciência do emprego da sexualidade madura: Sexologia, Fisiologia Humana.
7. A arte de nadar: Natação, Esportividade, Somaticidade.
8. A arte de dançar: Dança, Inteligência Corporal, Somaticidade.
9. A arte de dirigir veículos: Mecânica, Inteligência Experimental.
10. A arte de *viajar* utilmente: Viagens Culturais ou Excursões Científicas.
11. A arte de *falar* e debater: Comunicabilidade, Inteligência Linguística.
12. A arte de *ler:* Leitura, Estudo, Pesquisa Bibliográfica, Arquivologia.
13. A arte de *escrever:* Redação, Comunicabilidade, Inteligência Gráfica.
14. A ciência de *digitar:* Microinformática, Mnemotécnica, Holomemória.
15. A arte de *desenhar:* Desenho, Memória Gráfica, Inteligência Gráfica.
16. A arte de *fotografar-filmar:* Filmagem, Memória Visual, Mnemotécnica.

17. A arte instrumental: Música, Inteligência Musical, Memória Musical.

18. A ciência da *subsistência humana:* Economia, Previsão, Profilaxia.

19. O cultivo da *memória:* Mnemotécnica, Submemórias, Consciencialidade.

20. A arte da *participação comunitária:* Grupocarma, Gregarismo, Universalismo.

21. A ciência da *motivação-trabalho-lazer:* Profissão, Carreira Profissional.

22. A ciência da *liderança:* Administração, Inteligência Interpessoal.

23. A ciência da *pesquisa:* Cientificidade, Inteligência.

24. A ciência de *pensar racionalmente:* Mentalsomaticidade, Pensenidade.

25. A ciência da *disciplina pessoal:* Auto-organização, Metodologia Pessoal.

26. A *vivência moral:* Cosmoeticidade, Universalismo.

27. A ciência das *energias conscienciais:* Bioenergética, Holochacra.

28. A arte de *viver intrafisicamente:* Intrafisicalidade, Inteligência Contextual.

29. A ciência das *projeções conscientes:* Projeciologia, Projetabilidade Lúcida ou Inteligência Parapsíquica.

30. A arte de *servir aos outros:* Tares, Maxifraternidade, Policarmalidade.

Questão:

Quais destas habilidades você domina completamente, busca cultivar ou sobre as quais se reconhece incompetente?

A** conscin* ***há de *estar* ***na média formal, intrafísica, de todo mundo, mas*** *ser* ***diferente de todo mundo.***

84. TESTE DA ESSÊNCIA DA NATUREZA DAS COISAS

Eis 35 essências da natureza das coisas da evolução:

1. **Afetividade** no universo das emoções, no íntimo de cada conscin ou consciex.

2. **Amplitude do universalismo** em todos os empreendimentos evolutivos.

3. **Análise fria** em qualquer fenômeno universal que nos dê automotivação.

4. **Anonimato intrafísico** nos esforços conscienciais, assistenciais e policármicos.

5. **Aplicação prática** no desenvolvimento da pesquisa de qualquer fenômeno.

6. **Atenção** na aprendizagem básica de qualquer conscin.

7. **Aura orgástica** na pacificação íntima das energias conscienciais e das emoções da conscin.

8. **Autenticidade** no relacionamento interconsciencial lúcido em qualquer circunstância.

9. **Autoconfiança** no emprego das energias conscienciais em qualquer dimensão consciencial.

10. **Autocrítica constante** na utilização das retrocognições afetivas no grupocarma.

11. **Autocura** no emprego de *qualquer terapia.*

12. **Autodesassédio** na prática da tenepes, ou na tarefa energética, pessoal e diária.

13. **Auto-organização** nos esforços da dinâmica da evolução consciencial.

14. **Consciência** dentro do universo da sexualidade sadia e madura (conscin).

15. **Conscientização** na obtenção de um nível de auto-incorruptibilidade razoável.

16. **Consenso universal** no conjunto dos *interesses máximos* do ego (universalismo).

17. **Cosmoética** na autolibertação da consciência do egocarma primitivo.

18. **Despojamento pessoal** nas relações interconscienciais com os Serenões.

19. **Discernimento** na maturidade aceitável da inteligência e dos seus atributos.

20. **Epicentro consciencial,** na manutenção de uma ofiex.

21. **Imaginação** no universo da incorruptibilidade pessoal já exeqüível e aceita.

22. **Incorrupção** no combate eficaz à preguiça intelectual.

23. **Inseparabilidade** nas harmonizações cármicas das consciências (vivências).

24. **Lucidez** (cons) na avaliação evolutiva da consciência em si (hiperacuidade).

25. **Maturidade consciencial** (holomaturidade) no uso do livre-arbítrio pessoal.

26. **Memória** no aperfeiçoamento contínuo da autocrítica e da heterocrítica.

27. **Motivação permanente** nos próprios desempenhos coerentes com a Evolução.

28. **Parapsiquismo** no entendimento do universo da Holossomática mais avançada.

29. **Pensene** na análise profunda das manifestações das consciências em geral.

30. **Projetabilidade lúcida** no entendimento do universo multidimensional.

31. **Relatividade** em relação a qualquer verdade ou realidade de ponta (fatos).

32. **Sinceridade** nas diretrizes das tares ou tarefas do esclarecimento consensual.

33. **Ternura** nas manifestações do autêntico amor puro (maxifraternidade).

34. **Vivência pessoal** na aquisição da *sabedoria de vanguarda* (desperticidade).

35. **Vontade pessoal** no emprego das energias conscienciais.

Questão:

Com quais essências da *natureza das coisas* você vive hoje?

85. TESTE DO SEU MEGAVALOR INTRÍNSECO

1. A consciência intrafísica em geral tem enorme acúmulo de milhares de conhecimentos, centenas de crenças diferentes, dezenas de atitudes ou interesses bem personalistas, mas, no máximo, apenas 10 valores intrínsecos ao seu microuniverso consciencial, produtos de suas *heranças genéticas e mesológicas.*

2. Os conhecimentos variam ao infinito. *As **crenças** são destruídas ou substituídas pela maturidade consciencial integrada.* As atitudes mudam conforme os interesses do período de vida intrafísica. Os valores são mais permanentes. Contudo, até o sistema de valores intrínsecos pode ser modificado por *lavagens subcerebrais.*

3. Nestes valores podem estar incluídos 6 realidades pessoais: o soma; a pessoa que a consciência mais ama; o patrimônio material; um descendente, filho ou filha; obra ou realização, por exemplo, um livro publicado; a condição social ou o nível acadêmico (escolaridade).

4. Uma pessoa que vê determinada cor como azul, pode passar a considerá-la verde na presença de outras pessoas que a vejam como verde. Isso depende da atmosfera infecciosa ou do contágio psicológico feito sob forte pressão interpessoal, externa ao seu microuniverso consciencial. Isso é um fenômeno da sugestão natural ou da hetero-hipnose espontânea, muito usado pelo mercantilismo da publicidade.

5. Também o isolamento social e o isolamento sensorial podem predispor as mudanças de comportamento, dependendo das companhias no grupúsculo social e da capacidade pessoal de se deixar impressionar.

6. Uma pessoa, que se considera honesta, recebe o troco errado, com mais dinheiro do que devia, e não devolve. Isso não quer dizer que tenha necessariamente um caráter desonesto. Ela pode ser apenas inconsistente com a cosmoética pessoal, primária. Comete tão-somente pecadilhos mentais ou *pato*pensenes que considera inofensivos ou sem maior importância.

7. A nossa conformidade com os padrões – forças externas – de um grupúsculo social, pode moldar o nosso comportamento. Por exemplo, durante a Guerra da Coréia, 21 soldados norte-americanos capturados

durante o conflito, decidiram permanecer com os coreanos e não voltaram à sua pátria.

8. A reciclagem projetiva, por exemplo, acontece em função da mudança das expectativas da conscin que prova para si mesma: não vai se extinguir com o soma e sua vida consciencial continuará.

9. Quais são os seus reais valores conscienciais, intrínsecos à sua pessoa? Descobri-los e reavaliá-los será muito importante para você. É preferível esfarelar pedra com os dedos do que acessar um cérebro sem as sinapses especializadas.

10. Você valoriza a evolução consciencial? Ou, francamente, você nem pensa nisso até o momento? A evolução apresenta suas exigências.

Questão:

Qual o seu valor intrínseco máximo?

Há conscins bonitinhas, arrumadinhas
e **vaziinhas** ***por toda parte.***

86. TESTE DO SEU POSICIONAMENTO SOCIAL

A Socin, através de mil imaturidades, engodos e subterfúgios, pode apontar as suas inexperiências pessoais de experimentador ou experimentadora. Basta você se questionar a respeito dos fatores que a tornam patológica e que se refletem sobre você.

Eis 15 perguntas para você responder com a autocrítica máxima:

1. Ignoro as práticas das energias conscienciais, da Bioenergética?
2. Não sei aplicar o estado vibracional profilático no dia-a-dia?
3. Estou distante da vivência na multidimensionalidade, ainda na paracomatose evolutiva, própria do *Homo animalis?*
4. Desconheço a realidade e as manifestações do holossoma?
5. Sirvo tão-somente sob as ordens de outros sem poder trabalhar por mim mesmo em qualquer setor de sobrevivência?
6. Levo uma vida subordinada ao *magister dixit* e a dogmas?
7. Submeto-me às cangas, coleiras e muletas de algum sistema grupal controlador de consciências vulneráveis e suscetíveis, ou uma doutrina sectária?
8. Tenho princípios pessoais tão-só para desfrutar a vida intrafísica e exaltar a juventude, beleza física, riqueza amoedada, talentos apenas humanos e fama transitória? *Há **seres humanos** que são comerciantes de outros seres humanos.*
9. Sofro, indefeso e impotente, assédios de companhias indesejáveis do meu grupocarma intrafísico, sem nada fazer para modificar o *status quo?*
10. Padeço periodicamente de miniassédios inconscientes e extrafísicos, que venho a saber – quando isso acontece – só depois de passados os fatos?
11. Nem sempre emprego prioritariamente o meu cérebro encefálico nas decisões magnas da existência cotidiana em razão do *subcérebro abdominal?*

12. Em mais de 50% dos meus esforços, desempenho sempre tarefas e faço coisas de que não gosto nem me satisfazem?

13. Vivo ainda *des*informado, ou em geral apenas *mal*-informado ou *sub*informado, a respeito de minha auto-evolução consciencial?

14. Não sabia, até recentemente, da existência, vantagens e técnicas do modelo evolutivo, o *Homo sapiens serenissimus?*

15. Repito, ainda hoje, na maioria de minhas ações magnas, experiências existenciais dispensáveis do meu passado recente?

Se a sua resposta for *sim* a apenas 5 destas perguntas, você pode concluir que a sua *robéxis,* ou robotização social na existência, ainda permanece viva, poderosa e atuante.

É o momento de você fazer alguma coisa por sua maturidade consciencial integrada (holomaturidade), *correr atrás do prejuízo,* ou tomar medida de impacto para a renovação de sua vida intraconsciencial, dentro da Socin.

Questão:

Quais são as suas relações pessoais com a Socin ainda patológica?

A liberdade de expressão é um bem inestimável ou inavaliável.

87. TESTE DA SUA CONSCIÊNCIA POLICÁRMICA

Eis 10 atitudes que evidenciam o aumento do seu índice de vivência da policarmalidade na vida intrafísica, dia-a-dia, na condição de *Homo universalis:*

1. Eliminar, de modo sincero e autêntico, todo medo em qualquer dimensão em que a sua consciência se manifeste. Quem quer *doar tudo* não receia *perder nada,* daí por que todo medo é uma questão emocional que é eliminada através da reflexão, com muito discernimento, através do mentalsoma.

2. *Des*priorizar a sedução holochacral na relação com as pessoas de ambos os sexos. Há *conscins carentes* e, ao mesmo tempo, com excedentes afetivos.

3. Preocupar-se, de maneira permanente, quanto ao convívio assistencial aos seus *colegas de evolução,* ao invés da ansiedade para satisfazer os seus interesses pessoais. Compaixão, misericórdia e praticar bondade são realidades vivas dentro da solidariedade entre as consciências. Há *consciências* abismais em complexidade.

4. Renunciar a toda avidez na defesa do que seja restrito tão-somente à sua conta corrente egocármica. Não mais pedir para si tão-somente, a fim de abrir a conta corrente policármica. O *egoísmo* é a introversão máxima dos megatraf*a*res.

5. Minimizar, sempre que possível, tudo aquilo que se refira aos interesses do seu grupocarma em relação ao que interessa a um número cada vez mais amplo de componentes da humanidade (conscins da Socin) e da Para-humanidade (consciexes das Sociexes). Não há consciência, em nosso nível evolutivo, *made in Earth.*

6. Disciplinar-se, em seu nível máximo possível de saúde, convergindo e concentrando toda a sua realização pessoal na *assistência invisível* do esclarecimento às outras consciências, sem nenhuma cobrança de retorno ou gratidão imediata dos outros.

7. Abrir, com todo o discernimento, a exposição maior de sua intimidade consciencial para os amparadores extrafísicos, adiante das

relações com os entes intrafísicos que você abre a intimidade e dedica a máxima atenção.

8. Admitir e, mais do que isso, buscar sustentar no cotidiano, a maxifraternidade, antiegoística e prestimosa, com o seu holossoma e toda a multidimensionalidade lúcida que já lhe seja acessível. Nossa *proéxis* não é um mero bocejo.

9. Ater-se ao conjunto das normas éticas universais, intra e extrafisicamente, na solução de todos os contatos e relações interconscienciais.

10. Ter as vistas fixadas no objetivo prático, vivenciado: o serenismo, distribuindo a aplicação das potencialidades positivas (megatrafores) do seu ego em um nível acima das vicissitudes humanas. *Maxifraternidade* é a extroversão dos megatrafores.

Questão:

Você, experimentador ou experimentadora, já cumpre a metade destas vivências avançadas?

O *universalismo* ***tende a uniformizar as normas culturais por toda parte na globalização do saber.***

88. TESTE DA SUA GENIALIDADE COSMOÉTICA

A evolução autoconsciente exige ser potencializada com elevados atributos conscienciais, baseados na cosmoética.

Não raro, há traços bons ou maus que ***a gente não sabe que tem.*** Eis 30 traços da genialidade cosmoética e anticosmoética:

	Genialidade Cosmoética	Genialidade Anticosmoética
1.	Afabilidade, encanto, carinho	Arrogância, sobranceria, soberba
2.	Altruísmo, amor universal, calor	Prepotência, misantropia, lástimas
3.	Autoridade moral, segurança	Bazófia, vaniloqüência, gabolices
4.	Benevolência, bondade, doçura	Malevolência, *mau caratismo,* tolices
5.	Civilidade, prudência, bom gosto	*Baixarias,* ciumeira, inexperiência
6.	Comedimento, abnegação, desafogo	Empáfia, intemperança, desmandos
7.	Compaixão, respeito, satisfação	Hipocrisia, puritanismo, preconceitos
8.	Competência, merecimento real	Incompetência, impostura, falsidades
9.	Confraternidade, condescendência	*Ermitania,* filáucia, *marotagens*
10.	Cordialidade, cortesia, educação	*Estardalhância,* fatuidade, desatenção
11.	Desprendimento, filantropia	*Autopatia,* egoísmo, usuras
12.	*Desvaidade,* sabedoria, beleza	Protérvia, vanglória, fealdade egóica
13.	Dignidade, honestidade, caráter	Picardia, desonestidade, chatices infantis
14.	Equanimidade, bom senso, consolo	Iniqüidade, perversidade, abusos
15.	Espírito democrático, cordura	Esnobismo, pomposidade, *pirracismos*
16.	Espírito humanitário, esperança	Cabotinice, repulsa, aversões gratuitas
17.	Gentileza, amabilidade, regozijo	Exibicionismo, infamação, calúnias

	Genialidade Cosmoética	Genialidade Anticosmoética
18.	Hospitalidade, fidalguia natural	Mesquinhez, megalomania, sordidez
19.	Incorruptibilidade e inculpação	Ostentação, corrupção, culpabilidade
20.	Jovialidade, alegria, otimismo	Afoiteza, *sirigaitismo,* solércia
21.	Magnanimidade, generosidade	Desesperação, implacabilidade, revide
22.	Modéstia, moderação, bonomia	Imodéstia, prosápia, jactâncias ocas
23.	Motivação, senso de priorização	Indiferentismo, negligência, incúria
24.	Prestimosidade, conciliação	Petulância, pedantismo, asperezas
25.	Probidade, integridade, lisura	Astúcia, improbidade, fraudulência
26.	Reconhecimento, gratidão sincera	Ingratidão, inclemência, *coiceira*
27.	Responsabilidade, autoconsciência	Desídia, abandono do dever pessoal
28.	Simpatia, dedicação, afeto puro	Desamor, mágoa, fúria, vexames
29.	Simplicidade, lhaneza, destemor	Triunfalismo, despotismo, medos cegos
30.	Temperança, retidão, ética lúcida	Desvirtude, *pecadaços,* novas recaídas

Questão:

Que traços predominam em você:
os da primeira ou os da segunda coluna?

89. DIAGNÓSTICO DA CONSCIÊNCIA INCORRUPTA

O nível exato da sua incorruptibilidade cosmoética transparece à vista de todos, através dos seus atos mais comezinhos, na vida diuturna. Ser incorruptível é difícil.

Quem come o ***ovo cru*** *pode estar praticando um aborto dentro da própria boca.*

Não é necessário muito esforço, nem muita pesquisa, para diagnosticar nossas próprias corrupções primárias que vitalizam as raízes de nossos megatraf*a*res.

Veja, por exemplo, com um mínimo de autocrítica, 5 fatos comuns:

1. *Você já admite* pacificamente a idéia – e evita na vida prática, diária – que os excessos de peso corporal são de fato prejudiciais à sua saúde física e mental, e que a verdadeira causa disso (bulimia) é a vontade fraca dos comilões, homens e mulheres?

2. *Você já admite* pacificamente a idéia – e evita na vida prática, diária – que o ato de ficar à frente da TV 4 a 5 horas, todo dia, é de fato prejudicial à sua *saúde intelectual* (vidiotismo franco), e que isso só existe em função da conduta acomodada das pessoas vidiotas, *lavadas cerebralmente?* O *aparelho de TV* pode ser 1 lata de lixo mental.

3. *Você já admite* pacificamente a idéia – e evita na vida prática, diária – que ir à praia entre as 10 horas da manhã até as 16 horas, é de fato prejudicial à sua saúde física (câncer de pele), devido aos raios ultravioletas provenientes do Sol sobre a epiderme dos incautos e desleixados? A *vida* prossegue sempre. Há orelhões nos cemitérios.

4. *Você já admite* pacificamente a idéia – e evita na vida prática, diária – que o uso do fumo é de fato prejudicial à sua saúde física (câncer dos pulmões) e que a criação do hábito de fumar se desenvolve em função de um vício de imaginação, pessoal, dos tabagistas? A *dessoma* é um pós-operatório para legiões de conscins.

5. *Você já admite* pacificamente a idéia – e evita na vida prática, diária – que o emprego de drogas – maconha, cocaína e outras – é de

fato prejudicial à sua saúde física e mental (deterioração da personalidade) e que a verdadeira causa disso está na displicência e na indisciplina pessoais dos toxicômanos? Dessoma é reticência.

Só por esses distúrbios – gerados a partir do *subcérebro abdominal* – tais conscins não podem afirmar que sofrem de amência consciencial, assedialidade crônica, *seriéxis trancada,* interprisão grupocármica, melin, paracoma consciencial, sedução holochacral alheia, ou do ataque dos *vírus da Socin.*

Nem adianta também culpar ou responsabilizar as outras pessoas, empregar justificativas espúrias ou apelar para mecanismos primários de defesa do ego *(egão, umbigão).*

A rigor, com todo realismo e refinamento, elas devem a existência destes seus problemas tão-somente a si próprias e a mais ninguém, por que são casos de *robéxis* de responsabilidade pessoal exclusiva.

Se você vive intimamente com qualquer um destes 5 maus hábitos, a sua autocorrupção começa a ficar evidente não só para você, mas já está patente, há algum tempo, para qualquer conscin ou consciex observadora.

Questão:

Você já identifica alguma autocorrupção primária?

Eis um paradoxo de nosso nível evolutivo:
o* autocorruptor *é mais estimado
por seu amparador do que por si mesmo.

90. TESTE DAS ÚLTIMAS CONSEQÜÊNCIAS *COSMOÉTICAS*

As ***teorias*** *– verdades relativas de ponta – da Conscienciologia não são difíceis de se compreender.* Quem pensar o contrário é porque ainda não deixou cair todas as máscaras, retrancas e autodefesas primárias do ego, na vida intrafísica ordinária.

Uma verdade relativa de ponta conscienciológica está sempre definida de modo indubitável.

Dispensa expressões complicadas para ser formalizada.

Não admite meio-termo perante a multidimensionalidade e nem mesmo em face do policarma.

As verdades relativas de ponta conscienciológicas estão sempre baseadas em *fatos conscienciais* perfeitamente experienciáveis pela conscin interessada.

Sendo prioritária e soberana à melhoria de todos, e à evolução geral, não importa se a verdade relativa de ponta, multidimensional, constitua *soco na cara, fratura exposta* ou *strip tease consciencial,* que deixa a sua intimidade escancarada, expondo as suas entranhas. Se tal acontece, o erro é ainda seu, não do enfoque da verdade relativa de ponta.

Essa atitude também não significa auto-sacrifício nem masoquismo de sua parte. É apenas o ato de assumir gostosamente o autoconhecimento na qualidade de consciência desperta. Há *heróis* e *heroínas* incompletistas, completistas e moratoristas.

Eis por que a consciência que não levar *até as últimas conseqüências* cosmoéticas, multidimensionais, o seu enfoque de verdade relativa, ainda errará demais, o tempo todo, permanecendo escrava das repetições indesejáveis, ou automimeses já dispensáveis, de vidas prévias.

Ter *retrocognições* autênticas é ruborizar-se.

Você estará castrando as manifestações libertárias da sua consciência, preso às reações do corpo emocional, afogado nos vícios das existências intrafísicas passadas, sujeito às repressões primárias da presente existência, toda vez que ainda toma qualquer destas 3 atitudes evitáveis da *verdade relativa de retaguarda:*

1. *Visar,* em primeiro lugar, a *defesa dos seus tostões:* um erro primário de avaliação, ou supervalorização da economia, próprio da quadridimensionalidade intrafísica. *A fortuna humana* nem sempre é expressão de sabedoria. Quase sempre é justamente o contrário. Os *dentes de ouro* também permitem dar dentadas.

2. *Colocar* a sua preciosa *imagem de pessoa física e transitória* em posição mais importante do que a idéia da libertação consciencial e multidimensional: um efeito ou produto espúrio do egocarma.

3. *Autodefender-se fazendo média* por intermédio da ocultação das informações antipáticas ao contexto da Socin: um produto paroquial ou grupocármico.

Toda esta argumentação se resume na autocorrupção inconsciente, pois, neste caso, ainda atua, na intimidade da consciência, a ignorância crassa da vida prática multidimensional.

Questão:

Quais são os seus pensamentos sobre tudo isso?

Se há sinceridade e automotivação, a conscin sempre descobre os mecanismos pelos quais se defende. Assim se corrige, de fato, na vida prática.

91. TESTE DOS TIPOS DE CONSCIÊNCIAS-PROBLEMA

O holopensene carregado no *sen* pode levar ao genocídio da Guiana.

A Conscienciologia e a projeciologia ressaltam, como conseqüência de pesquisas, o cuidado que se precisa ter para com a fecundidade, repetição ou esterilidade da imaginação.

É sobremaneira difícil, para todos nós, sustentar com equilíbrio as 3 bases da *relação triangular:* consciência intrafísica, corpo físico e vida humana.

Dentre muitas condições conflituosas à conscin, podem ser destacadas estas 6 variáveis fundamentais:

1. Afetos transparentes à Socin ou Sociedade Intrafísica.

2. Nível de cultura dependente da qualidade do mentalsoma.

3. Tentação exercida pelo ócio remunerado em múltiplos setores da vida humana. O *poder,* como é sobejamente conhecido, corrompe.

4. Busca de prestígio intrafísico, sociocultural, superficial e fugaz. *O **ser social** se sujeita ao grupo a fim de obter recompensas e trocas de favores.*

5. Segurança pessoal e econômico-financeira ou a sobrevivência do indivíduo. Entre as maiores *multinacionais* do mundo estão a Igreja e o Sionismo.

6. Avidez pelo poder temporal dentro do grupúsculo social.

Há 2 divisões nas prioridades humanas: as inteligentes e as imaturas.

A criatividade pode conduzir a conscin a viver em função do bem-estar de todos ou a trabalhar, com enorme esforço, tão-somente para acumular dinheiro fugaz só para si.

Há 2 categorias de genialidade: a sadia e a mórbida.

Há talentos diversos no senhor da serenidade evoluída e na patologia do arquicriminoso serial *(serial killer).*

Do vulgo insciente à personalidade invulgar, todos necessitamos, antes de tudo, de conhecer a nós próprios com a autocrítica máxima.

Nesta época onde o *Homo kybernetikus* tenta criar a *machina sapiens,* capaz de simular a *mente de Deus,* e a mentalidade vigente programa nossos sonhos com a inserção de anúncios comerciais, torna-se imperativo fortalecer nossa auto-resistência ao *clonismo da força de trabalho.*

Em razão do fracionamento dos projetos científicos em partes funcionais, até o megacientista, bem remunerado ou *domesticado,* pode estar trabalhando, hoje, com total ignorância do *para que* do seu projeto, cuja finalidade secreta, não raro, pode ser completamente espúria ou destrutiva, contrária aos seus princípios éticos mais íntimos.

À vista do exposto, uma conclusão se impõe quanto aos seres humanos que podem ser classificados em *2 tipos fundamentais:* consciência-problema *anacrônica* e consciência-problema *renovadora.* A evolução consciencial espera de nós as sementes da inovação que brotam em nossas mentes, empregando todo o repertório dos instrumentos heurísticos e um saldo positivo de concepções íntimas aproveitáveis.

Questão:

Onde, como e quanto você tem sido um ser original, lúcido, ou mera *cópia xerox,* inconsciente?

A evolução consciencial
não é um caminho reto.

92. TESTE DA INTERAÇÃO AMPARADOR-AMPARANDO

Entrar na Multidimensionalidade às vezes é como adentrar um cinema às escuras. O espectador nada vê e, com as vistas ofuscadas, não encontra lugar para se assentar confortavelmente. A lanterna é providencial.

O amparador é a *consciex-lanterna,* ou benfazeja, auxiliadora da conscin em suas saídas e períodos de vivências extrafísicas.

O amparador é a consciex sadia, antípoda ao assediador extrafísico doentio.

A projeciologia demonstra haver legiões de conscins sem amparadores, *catatônicas extrafísicas* com *seriéxis trancadas.*

Nenhuma conscin é igual a outra.

O amparador atua em função do universo da proéxis da conscin. As conscins de proéxis com interesses coletivos podem dispor não de um amparador, mas até de equipe de amparadores. Isso depende da sua ficha pessoal.

Há epicons ou sensitivos os quais afirmam ter vários mentores extrafísicos, cada qual um técnico em uma tarefa parapsíquica específica. Por isso, há conscins acompanhadas de muitos amparadores e há conscins que não dispõem de nenhum.

Quanto mais a conscin trabalha cosmoeticamente, saindo de si em favor da assistencialidade às outras consciências, mais se amplia o universo da sua proéxis.

Contudo, há aquela pessoa que tem 5 dicionários, nas estantes da biblioteca pessoal, e jamais os consultou por preguiça mental.

Há também quem não usa nem 10% dos recursos do seu microcomputador pessoal; não raro, por ignorância ou incompetência mesmo.

Assim, você pode ter uma lanterna guardada em uma gaveta de casa, que jamais usou, e cujas pilhas até já se fundiram pelo desuso. Isso depende de você.

A conscin mantém ou dispensa, consciente ou inconscientemente, a assistência iluminadora do amparador, assim como mantém, ou não, uma dupla evolutiva.

Há aquele amparador que permanece pouco em suas funções porque torna-se inútil, igual a uma *lanterna de cego.* Nem por isso o amparador perde a função de iluminador. Ele simplesmente *sai de fininho porque não está agradando.*

A *dobradinha amparador-amparando* há de funcionar com interação permanente e ressonância recíproca total. Há muita proéxis dependente dessa *dobradinha.*

Há mais *proéxis extrafísicas cumpridas* de amparadores (intermissão) do que proéxis intrafísicas cumpridas de *amparandos* (incompléxis).

Questões:

Sei da existência do meu amparador? O que tenho feito de útil com o meu amparador? Meu amparador encontra ambiente para trabalhar comigo? Sou vidente intrafísico ou *cego com lanterna?*

Cada *conscin* ***tem***
a consciex-amparadora que merece.

93. TESTE DAS SUAS COMPANHIAS INTRAFÍSICAS

Há proéxis individuais (egocarma) e proéxis grupais (grupocarma). Em tudo existem o(a) líder e os(as) seguidores(as).

O charme – energia consciencial – é uma transpiração sem cheiro, em geral nascida da paragenética e, depois, do holochacra.

Dentre as conscins, ou consciências intrafísicas, com quem você convive, você sabe quem tem mais ascendência moral, intelectual ou afetiva (modelo consciencial humano) sobre você, sem nenhuma conotação de adoração, sacralização ou gurulatria?

Analise, então, friamente, se essa pessoa apresenta estes 20 traços:

1. Essa conscin tem uma visão global da vida?

2. É capaz de dizer a verdade de modo direto quando isso se faz preciso? A falta de sinapses especializadas gera teimosia e neofobia na conscin.

3. Atende à verbação, coerência constante entre palavras e atos, e à teática, a conjugação vivencial entre teoria e prática?

4. Permite erros? Ao *discernidor,* o traf*o*r do herói ainda é traf*a*r.

5. Demonstra convívio fraterno por todos os seres vivos?

6. É um exemplo de auto-respeito?

7. Demonstra respeito ecológico pelo ambiente intrafísico onde vocês vivem? Nem toda cozinha precisa ser açougue.

8. Constitui uma presença – energia consciencial – marcante e poderosa?

9. Sabe muito bem que não é perfeita?

10. Evidencia claramente gentileza ou compaixão?

11. É capaz de brincar com você nos momentos próprios?

12. Ajuda você a rir de suas próprias tolices?

13. Sabe conviver com todos os companheiros de destino evolutivo, sem excluir ninguém? Nossa *opinião* pode ser expressa até por 1 bocejo.

14. Não faz uso de bebidas alcóolicas em excesso e nem fuma?

15. É capaz de ensinar através de exemplos naturais, no dia-a-dia da vivência dela? Por exemplo: todo *jogo de apostas* é enganologia.

16. É sensível sadiamente ao parapsiquismo?

17. É flexível, de visão ampla e mentalidade aberta?

18. Mantém uma boa imagem social e cultural?

19. É destemida quanto às emoções?

20. Tem pontos de vista de fato universalistas?

Se esta pessoa não apresenta pelo menos 10 destes traços pessoais, pode concluir que você vive em más companhias evolutivas. Por que isso? É muito simples: se esta consciência intrafísica, que apresenta maior ascendência sobre você, não tem tra*f*ores razoáveis, o que eu e você devemos esperar de você mesmo ou dos outros elementos do seu círculo de relações?

Questão:

Estas conclusões têm lógica para você?

Os seguidores mais chegados
são** *ex-colegas de classe* **do mesmo
curso intermissivo do líder.

94. TESTE DOS 100 PRÉ-SERENÕES MAIS INFLUENTES

Há de se tirar 1 lição de cada experiência humana.

Eis os 100 pré-serenões mais influentes da História Humana, nomes das enciclopédias aqui listados na ordem alfabética, em um ponto de vista norte-americano (Michael H. Hart):

1. Adam Smith
2. Agostinho (rel.)
3. Alexandre
4. Al-Khattab
5. Aristóteles
6. Asoka (Índia)
7. Augustus Cesar
8. Bach
9. Bacon
10. Becquerel
11. Beethoven
12. Bohr
13. Bolívar
14. Buda
15. Calvino
16. Carlos Magno
17. Ciro
18. Colombo
19. Confúcio
26. Descartes
27. Einstein
28. Elizabeth I
29. Euclides
30. Euler
31. Faraday
32. Fermi
33. Fleming
34. Freud
35. Galileu
36. Genghis Khan
37. Graham Bell
38. Guilherme
39. Gutemberg
40. Harvey
41. Heisenberg
42. Hernán Cortés
43. Hitler
44. Homero
51. Justiniano I
52. Kepler
53. Lao Tsé
54. Lavoisier
55. Lenin
56. Lister
57. Locke
58. L. Daguerre
59. Lutero
60. Mahavira (rel.)
61. Malthus
62. Mani
63. Mao T. Tung
64. Maomé
65. Maquiavel
66. Marconi
67. Marx
68. Max Planck
69. Maxwell (elet.)
76. Newton
77. Nicolaus Otto
78. Napoleão
79. Paulo (de Tarso)
80. Pasteur
81. Pedro, o Grande
82. Picasso
83. Pincus (pílula)
84. Pizarro
85. Platão
86. Röntgen
87. Rousseau
88. Shakespeare
89. Shih Huang To
90. Stalin
91. Sui Wen Ti
92. Thomas Edison
93. Ts'ai Lun
94. Urbano II

20. Constantino	45. Isabel I	70. Mêncio (China)	95. Van Leeuwenhoek
21. Copérnico	46. James Watt	71. Mendel	96. Vasco da Gama
22. Cristo	47. Jefferson	72. Menes (Egito)	97. Voltaire
23. Cromwell	48. Jenner	73. Miguel Ângelo	98. Washington
24. Dalton	49. John Kennedy	74. Moisés	99. Wright (irmãos)
25. Darwin	50. Júlio César	75. Morton	100. Zoroastro

Uma relação destas depende muito do critério pessoal, preferências, formação cultural, universalismo e outros traços da personalidade do pesquisador.

Questões:

Quais destes personagens poderíamos, hoje, a distância, considerar como sendo, àquela época, seres despertos? Todas essas conscins foram completistas? Tinham macrossomas?

O acidente de percurso parapsíquico é um escorregão. *Não é uma queda. É um aviso. Não é a perda da proéxis.*

95. TESTE DA SUA CONSCIÊNCIA RECICLANTE

A recéxis, ou reciclagem existencial da conscin, elimina, de vez, 15 atitudes negligentes, quanto à inatividade, preguiça e repouso inútil:

1. Cruzar os braços passivamente, obstúpido ante o Cosmos estuante do *desafio vital* da evolução autopromovida com inteira consciência.

2. *Ficar de palanque,* bocejando sem parar, com bloqueios energéticos, sem ver o mundo caminhar para o melhor, sem a sua participação.

3. Andar de mãos paralíticas, nos bolsos, sem sair do *holocarma egocêntrico. A velocidade da mão de quem dá a* ***martelada no dedo*** *é de 650 cm/s ou 23 Km/h.*

4. Seguir cegamente no *faz-nada,* com a maré da mediocridade em seu derredor, sob a ditadura dos miniassédios interconscienciais, inconscientes, eventuais.

5. Ocupar-se, nas 24 horas de cada dia, com bagatelas intrafísicas sem resultados frutíferos para a própria vida íntima e exterior.

6. Deixar as coisas tomarem seu rumo, sem mover positivamente uma palha, ou pelo menos, um pé, em sua organização evolutiva.

7. Afundar-se nas *férias sem fim,* escolhida como rota pachorrenta, trilhada sem qualquer priorização consciencial maior.

8. Dar tempo ao tempo perdido, inerte, esperando a sua vez, que não chega nunca, porque não quer nem se esforça pessoalmente para isso.

9. Enlanguescer, perdendo o vigor, a oportunidade e o tempo precioso para a auto-evolução planificada dentro do discernimento magno.

10. Entorpecer-se, como espantalho, no *pasmatório da vida, apanhando moscas com a boca* aberta, imerso na *poluição da consciência.*

11. Adormecer refestelado na ociosidade letárgica, social e cultural, através do predomínio draconiano do *subcérebro abdominal* (porão da consciência).

12. Render-se ao *dolce far niente,* à vida parasita à sombra de alguém, à aposentadoria precoce dispensável, ou até mesmo ao *otium cum dignitate,* alienado da noção da holomaturidade e existência da multidimensionalidade da consciência.

13. Viver em uma *sesta contínua,* roncando a sono solto, sem se projetar lucidamente para outras dimensões da vida (paracomatose consciencial).

14. Despender *horas de tédio,* dormindo sobre louros colhidos, sem pensar que existem outros mandatos de serviço pessoal à frente (proéxis).

15. Passar a si mesmo, deliberadamente, para a *reserva extrafísica doentia,* a espera da projeção final, a fim de ser mais um *parapsicótico **pós**-dessomático* amanhã, nas dimensões extrafísicas perturbadoras.

Questão:

Você ainda se identifica com estas atitudes?

O* sábio ocioso *é o mais pobre dos avarentos.

96. TESTE DA SUA CONSCIÊNCIA INVERSORA

1. Um dos objetivos práticos da opção pela invéxis, ou inversão existencial, é o de se obter o *exclusivismo dos interesses pessoais,* esforços, energias conscienciais, espaço e tempo integral da conscin. Por exemplo, na invéxis, a antiga mulher guiada pelo útero – no caso, o *subcérebro abdominal* – passa a ser a nova mulher, guiada pelo cérebro.

2. Todos os recursos do inversor ou da inversora atuam centralizados, com dedicação máxima à sua *evolução planificada* com o discernimento maior.

3. Havendo exclusivismo dos seus esforços, a conscin concentra, o mais depressa possível, todas as suas potencialidades e talentos na execução da tares, ou *tarefa do esclarecimento,* em favor das outras conscins e consciexes.

4. A concentração dos talentos da consciência, em um só objetivo, traz como conseqüência, sem dúvida, a dinamização dos seus desempenhos evolutivos.

5. Será inevitável, então, a melhoria dos seus resultados na queima de etapas em sua vivência no caminho da holomaturidade, ou *maturidade integrada.*

6. A conscin, já livre para agir sem o *egocentrismo* do seu egocarma, vê-se mais livre ainda sem os *componentes mais pesados* do seu grupocarma, não raro atravancadores dos seus desempenhos evolutivos atualmente mais lúcidos.

7. A liberdade mais ampla permite ao inversor ou à inversora alcançarem, em menor tempo, o desenvolvimento dos atos libertários do policarma.

8. A vivência da vida humana, por parte da consciência, como se pode concluir, tornar-se-á muito mais técnica, eficiente e eficaz na execução da reciclagem intraconsciencial.

9. A especialização do inversor, no entanto, não será exercida de modo excessivo ou doentio, mas de maneira planificada, sob planilha e cronograma da proéxis e do mais alto discernimento, com resoluções pessoais a partir do mentalsoma.

10. Como se deduz, racionalmente, o programa do inversor ou da inversora se baseia na condição do atacadismo em sua conduta e realizações (nível inversivo existencial).

11. O inversor ou a inversora livres, ultrapassarão as suas condições medíocres de *consciências varejistas* ou primárias, em seus atos assistenciais, fato que vinha sendo uma rotina milenar e fossilizadora, através de suas múltiplas vidas anteriores.

12. Recapitulando o que ficou exposto, observemos a escala crescente das opções e procedimentos libertários do inversor existencial, em número de 12: exclusivismo, evolução, planejamento, concentração, esclarecimento, dinamização, maturidade, liberdade, policarma, especialização, mentalsoma e atacadismo. Este é o *roteiro* lógico para se alcançar o objetivo magno: a condição do serenismo consciencial.

Questão:

O que predomina, hoje, em seus esforços pela inversão existencial: o curso intermissivo ou o porão consciencial?

Quanto mais organizada evolutivamente, mais livre é a consciência.

97. TESTE DO LIVRE-ARBÍTRIO DO INVERSOR OU RECICLANTE

O livre-arbítrio é a faculdade, exclusiva do ser racional, de exercer um poder sem outro motivo que não a existência mesma desse poder. A qualidade do poder quanto ao livre-arbítrio depende e se identifica com o percentual da liberdade das ações e vontade da conscin ou consciex.

Sua indiferença pela formiga é a mesma da Consciência Livre para com você.

Eis 15 condições, perguntas pessoais, para você testar o índice de liberdade que qualifica o seu livre-arbítrio, ao enfrentar as renovações exigidas para se viver na condição de inversor ou inversora, ou ainda reciclante existencial, homem ou mulher:

1. Sinto o meu caminho de realização consciencial aberto?
2. Sou, de fato, senhor (ou senhora) de minhas ações?
3. Desfruto de autonomia cosmoética nos meus empreendimentos?
4. Estou, ou não, sujeito a condições restritivas não razoáveis, sacralizações, repressões ou *lavagens cerebrais* (ou *sub*cerebrais) na vida comum?
5. Vivo, na qualidade de *Homo civicus,* em um Estado de regime político com democracia relativa, sem sofrer coerção externa?
6. Sigo *des*constrangido por toda parte, na condição de homem (mulher), cidadão (cidadã) do Cosmos, elemento da Para-humanidade?
7. Gozo dos direitos intraconscienciais auferidos pelo homem (ou mulher) livre, que faz tudo *o que não é proibido por lei,* quando bem entender?
8. Usufruo razoavelmente da liberdade de pensamento e expressão?
9. Nasci autodeterminado e de *ventre livre* em meu grupocarma?
10. Possuo uma interdependência pessoal, autolúcida, quanto à condição da multidimensionalidade consciencial?
11. Conheço, ou não conheço, *algemas excessivas?*

12. Tenho plena conscientização da condição de homem (ou mulher) livre, no plano social e político? *A **dupla evolutiva** é a chave ideal da evolução consciente em grupo na intrafisicalidade.*

13. Até quando posso dispor de mim mesmo?

14. Sinto as portas da liberdade multidimensional abertas para mim, dentro de minhas condições, *sempre que o* desejo e *onde eu o* desejo?

15. Defendo idéias avançadas e libertárias, em um estado de ausência de coerção provinda do meu grupo evolutivo?

Se você dispõe da possibilidade de exercer, pelo menos, 10 destas atitudes, isso indica que o seu livre-arbítrio é evoluído. Menos do que isso demonstra um nível de interdependência consciencial ainda não razoável, apenas medíocre *(massa impensante).*

Questão:

Qual o diagnóstico quanto ao seu livre-arbítrio?

A maturidade do livre-arbítrio é uma de nossas necessidades evolutivas fundamentais no atual nível de experiências na vida humana.

98. TESTE DAS DISPONIBILIDADES PESSOAIS

1. A *disponibilidade pessoal* é o que você apresenta como recursos à mão em matéria de inteligência, talentos, saúde, recursos econômico-financeiros ou materiais (por exemplo, um carro), e tempo cronológico para oferecer ou doar na execução da *assistencialidade cosmoética* ou das suas tarefas de esclarecimento *(tares).*

2. Quanto à *disponibilidade pessoal,* há conscins disponíveis e indisponíveis; de fácil ou de difícil acesso social; encontráveis ou inencontráveis quando se precisa delas; de bom diálogo ou de péssimo relacionamento no dia-a-dia.

3. A autocorrupção impede e diminui as *disponibilidades pessoais* de qualquer conscin desorganizada.

4. A preguiça mental e a autodesorganização estão entre as causas principais da *in*disponibilidade pessoal daquela conscin que *não veste a camisa.*

5. A *disponibilidade pessoal* evidencia a inteligência maior e madura, aplicada na vida intrafísica, porque viemos a este Planeta para servir uns aos outros.

6. Maxifraternidade antes de tudo é prestimosidade fraterna na vida multidimensional.

7. Como servir aos outros sem estar disponível, arranjar tempo e oportunidade, sem justificativas nem desculpas sociais ou eufemísticas? Como executar a tares ou fazer *gestações conscienciais* sem criar *disponibilidade pessoal?*

8. A extensão e a profundidade da *disponibilidade pessoal* dependem de discernimento, boa intenção e boa vontade; notadamente desta última variável ou a *predisposição prestimosa* para patrocinar ou servir às boas causas.

9. *A automotivação potencializa a disponibilidade pessoal.*

10. Nossa consciência faz e mantém a saúde, a disposição física e intelectual, a ocasião, o aproveitamento da oportunidade e do tempo humano.

11. Não colabora bem quem faz mil e uma exigências para cooperar com as boas obras. Sem bons préstimos, a vivência pessoal não consegue se expandir.

12. O vínculo consciencial se assenta na *disponibilidade pessoal* que, por sua vez, melhora o clima interconsciencial. A execução da invéxis, da recéxis, do compléxis, e a melhoria do grupocarma, exigem constante *disponibilidade pessoal.*

13. *As redes de sombra e água fresca* e os hospitais psiquiátricos estão superlotados de homens e mulheres, de fato, geniais, sem produzirem qualquer coisa útil.

14. Que adianta a pessoa ter muito talento ou habilidade, se não se dispõe prestimosamente a colaborar de bom humor em trabalhos libertários de equipe?

15. Você sabe fazer o seu tempo e a sua *oportunidade prestimosa* em favor da libertação das consciências? Ou você bloqueia e deixa passar o ensejo de prestar colaboração às boas causas, permanecendo *em cima do muro (murista)?*

Questões:

Qual o nível da sua disponibilidade? É razoável, sincero e cosmoético? Ou você permanece em subnível?

Mais vale uma conscin medíocre, mas empenhada no trabalho libertário das consciências do que um gênio tridotado,* teoricão, *negligente, preguiçoso e improdutivo.

99. TESTE DOS IDEAIS DA DUPLA EVOLUTIVA

Em uma abordagem pela ordem alfabética dos assuntos, eis 15 ideais básicos da dupla evolutiva, seja constituída por 2 inversores, 2 reciclantes, ou uma dupla mista, reciclante / inversor(a), ou vice-versa:

1. Estima, amor e afetividade decorrentes de todos os esforços conjuntos a fim de *queimar etapas* em busca da evolução consciencial.

2. Espontaneidade desinibida, o ato de *tirar a maquilagem,* a autenticidade sincera e permanente dentro da conduta cosmoética, intrafísica e extrafísica.

3. Confiança aberta, mútua, que elimina a insegurança do ciúme doentio, através do diálogo ou da intercomunicação consciencial ininterrupta.

4. Criatividade com expansão em tudo o que se faz, consciente do caráter avançado e original dos princípios da filosofia da dupla evolutiva.

5. Amor revitalizante no sistema de energias conscienciais abertas, a dois, em expansão viva.

6. Enriquecimento consciencial efetivo tanto para um quanto para outro parceiro consciencial, intrafísico, evolutivo, consciente.

7. Estimulação recíproca, sem sufocações ou chantagens emocionais.

8. Respeito natural pelo nível evolutivo do companheiro (ou companheira), na verdade a maior demonstração prática de amor puro.

9. *Flexibilidade mental* prática nos papéis vitais que cada um desempenha em uma existência dinamizada pelo discernimento magno.

10. Crescimento pessoal e conjunto com potencialidade ilimitada no *aqui-e-agora* do imediatismo diferente, holossomático, multidimensional e lúcido.

11. Liberdade individual dentro da condição lúcida da interdependência evolutiva, distante da dependência e independência conscienciais impraticáveis ou inconvenientes.

12. Intimidade máxima possível entre 2 conscins, pré-serenonas, que demandam a condição evoluída do *des*assediado *per*manente *to*tal *(desperto).*

13. Aprendizagem evolutiva incessante sempre adaptável às mudanças esperadas e compreensíveis que se fizerem necessárias.

14. Intensidade positiva do relacionamento, com expectativas realistas e racionais, sem escravidão de qualquer natureza.

15. Responsabilidade pessoal e conjunta, a dois, perante as próprias proéxis, ou as programações existenciais e evolutivas.

Se você compõe com alguém uma dupla evolutiva com 10 destes itens ideais, a possibilidade de êxito do seu convívio libertário, em dupla, está assegurada.

A educação formal não equipa os ***jovens*** *para se conhecerem bem.*

Questão:

O que pensa você sobre todos estes conceitos?

A dupla evolutiva dispensa casamento e filhos, mas para ela torna-se indispensável: o amor, o sexo, o prazer sexual, a responsabilidade cosmoética e a maturidade consciencial.

100. TESTE DA SUA FORÇA DE VONTADE

Acerta mais quem elimina hábitos de alimentar pensamentos negativos, atitudes de derrotismo, temores e superstições. Durante 1 ano é importante pensar no positivo e no êxito, imprimindo em seus pensenes (recin) resoluções iguais a estas 30:

1. Tudo o que é trazido à minha atenção julgo digno de exame.
2. Mantenho atenção concentrada na meta libertária, o tempo todo.
3. Minha noção de auto-atualização é inconfundível.
4. Sou um centro de força positiva, sadia, dinâmica e construtiva.
5. Tenho toda a competência para atingir a meta.
6. Sou capaz de falar inteligentemente a qualquer grupo de pessoas (conscins) ou consciexes em quaisquer circunstâncias ou dimensões conscienciais.
7. Tenho uma curiosidade sadia, seletiva, prática e insaciável.
8. Enriqueço um pouco o poder dos pensenes a cada dia.
9. Sou o polarizador de idéia libertária, um epicon.
10. Evoco, sem parar, a idéia plasmada desse objetivo libertário.
11. O que tenho em mente é o melhor à evolução consciencial.
12. Minha vontade será feita porque quero e decido.
13. Sou forte e poderoso, plenamente consciente deste fato.
14. Sou grato por todo o bem que já recebi na existência intrafísica.
15. Minhas intenções são claras: sou um descobridor de direção.
16. Tenho interesse genuíno pelos valores da consciência amadurecida.
17. Olho além do óbvio, até nas coisas ordinárias de rotina.
18. Sou, com toda convicção, o dono do meu destino.
19. Meus objetivos serão alcançados através de esforços.
20. Dou um passo em frente, rumo à minha meta libertária, cada dia.

21. Não estou satisfeito com os passos que dei até hoje. Quero mais.

22. Estou pesquisando no mundo, a minha *escola;* na vida, o meu *curso.*

23. Tenho o poder de transformar pensenes naquilo que quero.

24. Procuro sempre idéias novas, olhando além do dia de hoje e da hora presente.

25. Quero que as informações para atingir a meta cheguem até mim.

26. Planto as sementes do crescimento consciencial.

27. Quando surgir o momento apropriado, terei o que desejo.

28. Pequenos triunfos vão dar-me a realização completa.

29. Vou vencer porque o que quero é certo para mim e para todos.

30. Minha vontade é forte e poderosa. Sei experimentar a mim mesmo.

Se você se afirma e admite a realidade de, pelo menos, 15 destas resoluções, você dinamizará a sua vontade de fato, em definitivo, no caminho da desperticidade.

Questão:

Quais as suas resoluções para hoje?

As aparências e os olhos enganam:
a *realidade* ***não tem horizonte.***

REFERÊNCIAS BIBLIOGRÁFICAS

01. **VIEIRA, Waldo;** *Conscienciograma: Técnica de Avaliação da Consciência Integral;* 344 p.; 100 folhas de avaliação; 2.000 itens; 4 índices; 11 enu.; 7 refs.; glos. 282 termos; 150 abrev.; alf.; 21 x 14 cm; br.; 1ª. edição; Rio de Janeiro, RJ; Instituto Internacional de Projeciologia; 1996. (Edições em Português: ISBN 85.86019.15.1; Espanhol: ISBN 85.86019.20.8).

02. **IDEM;** *200 Teáticas da Conscienciologia;* 260 p.; 200 caps.; 13 refs.; alf.; 21 x 14 cm; br.; 1ª. edição; Rio de Janeiro, RJ; Instituto Internacional de Projeciologia e Conscienciologia; 1997. (Edição em Português: ISBN 85.86019.24.0).

03. **IDEM;** *Manual da Proéxis: Programação Existencial;* 164 p.; 40 caps.; 10 refs.; alf.; 21 x 14 cm; br.; 1ª. edição; Rio de Janeiro, RJ; Instituto Internacional de Projeciologia e Conscienciologia; 1997. (Edições em Português: ISBN 85.86019.19.4; Inglês: ISBN 85.86019.18.6).

04. **IDEM;** *Manual da Tenepes: Tarefa Energética Pessoal;* 138 p.; 34 caps.; 5 refs.; glos. 282 termos; 147 abrev.; alf.; 21 x 14 cm; br.; 1ª. edição; Rio de Janeiro, RJ; Instituto Internacional de Projeciologia; 1995. (Edições em Português: ISBN 85.86019.07.0; Espanhol: ISBN 85.86019.17.8; Inglês: ISBN 85.86019.16.X).

05. **IDEM;** *Manual de Redação da Conscienciologia;* 272 p.; 21 x 28 cm; 1ª. edição; Rio de Janeiro, RJ; Instituto Internacional de Projeciologia e Conscienciologia; 1997. (Edição em Português: ISBN 85.86019.22.4).

06. **IDEM;** *Máximas da Conscienciologia;* 164 p.; 150 ilus.; 450 minifrases; 10 x 15 cm; 1ª. edição; Rio de Janeiro, RJ; Instituto Internacional de Projeciologia; 1996. (Edição em Português: ISBN 85.86019.12.7).

07. **IDEM;** *Minidefinições Conscienciais;* 164 p.; 150 ilus.; 450 minifrases; 10 x 15 cm; 1ª. edição; Rio de Janeiro, RJ; Instituto Internacional de Projeciologia; 1996. (Edição em Português: ISBN 85.86019.14.3).

08. **IDEM;** *Miniglossário da Conscienciologia;* 57 p.; 17 x 11 cm; Espiral; 1ª. edição; Rio de Janeiro, RJ; Instituto Internacional de Projeciologia; 1992. (Edições em Português, Espanhol e Inglês).

09. **IDEM;** *A Natureza Ensina;* 164 p.; 150 ilus.; 450 minifrases; 10 x 15 cm; 1ª. edição; Rio de Janeiro, RJ; Instituto Internacional de Projeciologia; 1996. (Edição em Português: ISBN 85.86019.13.5).

10. **IDEM;** *Nossa Evolução;* 168 p.; 15 caps.; 6 refs.; glos. 282 termos; 149 abrev.; alf.; 21 X 14 cm; br.; 1ª. edição; Rio de Janeiro, RJ; Instituto Internacional de Projeciologia; 1996. (Edições em Português: ISBN 85.86019.08.9; Espanhol: ISBN 85.86019.21.6).

11. **IDEM;** *O Que é a Conscienciologia;* 180p.; 100 caps.; 3 refs.; glos. 280 termos; alf.; 21 x 14 cm; br.; 1ª. edição; Rio de Janeiro, RJ; Instituto Internacional de Projeciologia; 1994. (Edição em Português: ISBN 85.86019.03.8).

12. **IDEM;** *Projeciologia: Panorama das Experiências da Consciência Fora do Corpo Humano;* XXVIII + 900 p.; 475 caps.; 40 ilus.; 1.907 refs.; glos. 15 termos; 58 abrev.; ono.; geo.; alf.; 27 x 18,5 x 5 cm; enc.; 3ª. edição; Londrina; Paraná; Brasil; Livraria e Editora Universalista; 1990. (Edição em Português).

13. **IDEM;** *Projeções da Consciência: Diário de Experiências Fora do Corpo Físico;* 224 p.; glos. 25 termos; alf.; 21 x 14 cm; br.; 4ª. edição revisada; Rio de Janeiro, RJ; Instituto Internacional de Projeciologia; 1992. (Edições em Português: ISBN 85.86019.04.6; Espanhol: ISBN 85.86019.02.X; Inglês: ISBN 85.86019.01.1).

14. **IDEM;** *700 Experimentos da Conscienciologia;* 1058 p.; 700 caps.; 300 testes; 8 índices; 2 tabs.; 600 enu.; ono.; 5.116 refs.; geo.; glos. 280 termos; 147 abrev.; alf.; 28,5 x 21,5 x 7 cm; enc.; 1ª. edição; Rio de Janeiro, RJ; Instituto Internacional de Projeciologia; 1994. (Edição em Português: ISBN 85.86019.05.4).

ÍNDICE REMISSIVO

Observações. Os números indicam as páginas. Quando há mais de um número de página, o que estiver *em itálico* indica a principal referência.

O AUTOR

Nascido em 12 de abril de 1932, em Monte Carmelo, Minas Gerais, Brasil, *Waldo Vieira* formou-se em Medicina e Odontologia, pós-graduando-se em Plástica e Cosmética em Tóquio, Japão.

Foi projetor consciente desde os 9 anos de idade e pesquisou a consciência e as manifestações fora do corpo por mais de meio século.

Foi fundador do *Instituto Internacional de Projeciologia e Conscienciologia* – IIPC e do *Centro de Altos Estudos da Conscienciologia* – CEAEC, tendo orientado a fundação de diversas outras *Instituições Conscienciocêntricas* – ICs e a implementação do bairro Cognópolis (*Cidade do Conhecimento*) em Foz do Iguaçu-PR.

Foi citado pela publicação inglesa *Who's Who in the 21st Century,* editada pela IBC – *International Biographical Center.*

Propôs as ciências *Projeciologia* e *Conscienciologia*, sistematizadas nos tratados *Projeciologia: Panorama das Experiências da Consciência Fora do Corpo Humano* (1986) e *700 Experimentos da Conscienciologia* (1994). Escreveu dezenas de livros e centenas de artigos relacionados à pesquisa da consciência.

Com a doação da biblioteca particular ao CEAEC, foi possível estruturar a Holoteca, dispondo de enorme acervo relacionado ao tema *consciência* e *experiências fora do corpo.*

No *Holociclo,* laboratório técnico especializado em *Lexicografia,* Waldo Vieira coordenou equipes de pesquisadores no desenvolvimento da *Enciclopédia da Conscienciologia,* reunindo milhares de verbetes referentes ao amplo universo da consciência.

Dessomou em 2 de julho de 2015, em Foz do Iguaçu, Paraná, Brasil.

COGNÓPOLIS, A CIDADE DO CONHECIMENTO

Cognópolis, Cidade do Conhecimento, é o bairro criado em 2009 no município de Foz do Iguaçu, Paraná, Brasil, onde estão 25 instituições ligadas à Conscienciologia e mantidas pelo trabalho de voluntários. Instituído pelo decreto municipal 18.887, Cognópolis tem área verde com trilhas ecológicas, condomínios residenciais e atividades voltadas à educação, cultura e pesquisa.

Também conhecido por Bairro do Voluntariado, Cognópolis foi idealizado pelo odontólogo, médico, lexicógrafo e professor Waldo Vieira (1932–2015).

Entre as inúmeras construções existentes no bairro, estão o Holociclo e a Holoteca. O Holociclo – holo (conjunto) e ciclo (palavra relacionada à enciclopédia) é o local de produção intelectual da Conscienciologia. Considerado incubadora de autores, o Holociclo tem uma das maiores lexicotecas (coleções de dicionários) do Brasil, com mais de 7 mil exemplares, uma encicloteca (conjunto de enciclopédias) e hemeroteca (coleção de periódicos – jornais e revistas) com mais de 600 mil recortes.

A Holoteca (conjunto de tecas) reúne um acervo de aproximadamente 947 mil itens, dos quais cerca de 107 mil são livros e obras escritas, além de objetos dos mais variados locais e culturas. A gibiteca (coleção de gibis) é considerada uma das maiores da América Latina com 35 mil revistas em quadrinhos em 16 idiomas publicadas em 22 países.

Eventos científicos são realizados periodicamente na Cognópolis para difundir resultados de pesquisas e promover debates. A escrita de livros e artigos é bastante estimulada na Cidade do Conhecimento. Há cerca de 840 voluntários (Ano-base 2020) atuantes nas Instituições da Cognópolis sendo mais de 170 autores, dos quais a maioria escreveu sobre temas da Conscienciologia.

Aberta aos visitantes, a Cognópolis está integrada ao circuito turístico de Foz do Iguaçu e conta com um hotel, o Interludium Iguassu Convention Hotel.

Editora da Conscienciologia

A Editares – Editora da Conscienciologia é uma das 25 instituições situadas na Cognópolis. Organização científica, educacional, apartidária e sem fins lucrativos, a Editares dedica-se à publicação de livros e revistas da ciência Conscienciologia.

Com modelo de trabalho voluntário, a Editares diferencia-se pelo fato de reunir equipe de editores, pareceristas, revisores e gestores não-remunerados. Os autores, na condição de voluntários e pesquisadores da Conscienciologia, doam os direitos patrimonais das obras à editora. Um fundo editorial, mantido pela venda de livros e doações espontâneas, torna a Editares financeiramente autossustentável.

Convidamos você, leitor ou leitora, a conhecer nossas obras.

www.editares.org.br

Mais informações:

www.campusceaec.org

PROGRAMA AMIGOS DA ENCICLOPÉDIA

Amizades fazem enciclopédias.

Amigos. O programa Amigos da Enciclopédia surgiu no CEAEC em outubro de 2004, com o objetivo de viabilizar a estrutura física do Holociclo e da Holoteca, integrar voluntários afins com a Conscienciologia e permitir a publicação da *Enciclopédia da Conscienciologia*. Mais de 900 inscrições foram contabilizadas em 14 anos, o que torna o programa Amigos sem dúvida um dos maiores programas de incentivo da Conscienciologia.

Enciclopédia. A *Enciclopédia da Conscienciologia,* obra completa e abrangente no estudo da consciência, proposta e estruturada pelo Professor Waldo Vieira, vem sendo patrocinada financeiramente por meio do mecenato cosmoético e maxiproexista dos intermissivistas e voluntários da *Comunidade Conscienciológica Cosmoética Internacional* (CCCI).

Megaestruturas. A totalidade dos recursos arrecadados anualmente são integralmente investidos nas megaestruturas de produção e difusão da Enciclopédia: *Tertuliarium, Holociclo* e *Holoteca.*

Tertuliarium. O *Tertuliarium* é o auditório desenvolvido especialmente para a realização diária das *Tertúlias Conscienciológicas.* Tem capacidade de 362 lugares e é considerado o primeiro *Argumentarium* do Planeta, aberto ao público, gratuitamente, o ano todo.

Tertúlias. As *Tertúlias Conscienciológicas* do CEAEC compõem o Curso de Longo Curso no qual são apresentados e debatidos diariamente no *Tertuliarium* os verbetes da *Enciclopédia da Conscienciologia,* transmitidos via *Internet* para todo o Planeta.

Holociclo. Ambiente especializado na produção de conhecimento, o *Holociclo* é o megalaboratório técnico-científico onde são realizadas, desde 2000, pesquisas de ponta a respeito da consciência.

Holoteca. A *Holoteca* é o espaço cultural destinado à pesquisa e exposição de artefatos do saber, compreendendo centenas de especialidades de estudos e milhares de itens de coleções. São compêndios, filmes, selos, moedas, conchas, fotos, registros sobre personalidades e invenções que se destacaram ao longo do tempo.

Site. O interessado pode fazer a inscrição no programa **Amigos da Enciclopédia** no *site* **www.enciclopediadaconscienciologia.org,** tornando-se mantenedor e peça-chave na elaboração da Enciclopédia. Além disso, o *Amigo da Enciclopédia* dispõe de duas ferramentas avançadas de busca: *Holoserver* e *Verbetomática.*

Holoserver. O *Holoserver* é a ferramenta de busca, permitindo acesso *online* a grande parte do acervo publicado da Conscienciologia.

Verbetomática. O *Verbetomática* é ferramenta disponível para *download* e instalação, ou em versão *on-line,* permitindo consultas especializadas à Enciclopédia.

Informações. Mais informações podem ser obtidas pelo telefone (45) 2102-1499 ou através do *E-mail* **amigos@enciclopediadaconscienciologia.org.**

Equipe do Programa *Amigos da Enciclopédia*

INSTITUIÇÕES CONSCIENCIOCÊNTRICAS (ICs)

ICs. As *Instituições Conscienciocêntricas* (ICs) são organizações cujos objetivos, metodologias de trabalho e modelos organizacionais estão fundamentados no Paradigma Consciencial. A atividade principal das ICs é apoiar a evolução das consciências através da tarefa do esclarecimento pautada pelas verdades relativas de ponta, encontradas nas pesquisas no campo da Ciência Conscienciologia e especialidades.

Voluntariado. Todas as *Instituições Conscienciocêntricas* são associações independentes, de caráter privado, sem fins de lucro e mantidas predominantemente pelo trabalho voluntário de professores, pesquisadores, administradores e profissionais de diversas áreas.

CCCI. O conjunto das *Instituições Conscienciocêntricas* e dos voluntários da Conscienciologia no planeta compõe a *Comunidade Conscienciológica Cosmoética Internacional* (CCCI) formada atualmente por 25 ICs, incluindo a *União das Instituições Conscienciocêntrias Internacionais* (UNICIN) e a *Associação Internacional Editares.*

AIEC – ASSOCIAÇÃO INTERNACIONAL PARA EXPANSÃO DA CONSCIENCIOLOGIA
Fundação: 22.04.2005
Sede: Av. Felipe Wandscheer, 6.200 - Cognópolis, Foz do Iguaçu, PR, Brasil, CEP: 85856-850
Tel.: +55 (45) 2102-1411
Site: www.worldaiec.org
Contato: info@worldaiec.org

APEX – ASSOCIAÇÃO INTERNACIONAL DA PROGRAMAÇÃO EXISTENCIAL
Fundação: 20.02.2007
Sede: Rua da Cosmoética, 1.635, sala 12 - Cognópolis, Foz do Iguaçu, PR, Brasil, CEP: 85856-852
Tel.: +55 (45) 2102-1499; +55 (45) 99134-1185
Site: www.apexinternacional.org
Contato: contato@apexinternacional.org

ARACÊ – ASSOCIAÇÃO INTERNACIONAL PARA EVOLUÇÃO DA CONSCIÊNCIA
Fundação: 14.04.2001
Campus ARACÊ: Rota do Conhecimento, Km 7, acesso BR-262, Km 86 - Distrito de Aracê, Domingos Martins, ES, Brasil.
Correspondência: Caixa Postal 110 - Pedra Azul, Domingos Martins, ES, Brasil, CEP: 29278-000
Tel.: +55 (27) 99997-3120
Site: www.arace.org
Contato: associacao@arace.org

ASSINVÉXIS – ASSOCIAÇÃO INTERNACIONAL DE INVERSÃO EXISTENCIAL
Fundação: 22.07.2004
Campus de Invexologia: Av. Maria Bubiak, 1.100 - Cognópolis, Foz do Iguaçu, PR, Brasil, CEP: 85856-810
Tel.: +55 (45) 3525-0913
Site: www.assinvexis.org
Contato: contato@assinvexis.org

ASSIPI – ASSOCIAÇÃO INTERNACIONAL DE PARAPSIQUISMO INTERASSISTENCIAL
Fundação: 29.12.2011
Sede: Av. Felipe Wandscheer, 6.200, sala 212
Cognópolis, Foz do Iguaçu, PR, Brasil, CEP: 85856-850
Tel.: +55 (45) 2102-1421
Site: www.assipi.com
Contato Sede: assipi@assipi.com

CEAEC – ASSOCIAÇÃO INTERNACIONAL DO CENTRO DE ALTOS ESTUDOS DA CONSCIENCIOLOGIA
Fundação: 15.07.1995
Campus: Rua da Cosmoética, 1.635
Cognópolis, Foz do Iguaçu, PR, Brasil, CEP: 85856-852
Tel.: +55 (45) 2102-1499
Site: www.campusceaec.org
Contato: ceaec@ceaec.org

COMUNICONS – ASSOCIAÇÃO INTERNACIONAL DE COMUNICAÇÃO CONSCIENCIOLÓGICA
Fundação: 24.07.2005
Sede: Av. Felipe Wandscheer, 6.200, sala 206
Cognópolis, Foz do Iguaçu, PR, Brasil, CEP: 85856-850
Tel.: +55 (45) 98827-5920
Site: www.comunicons.org.br
Contato: comunicons@comunicons.org

CONSCIUS – ASSOCIAÇÃO INTERNACIONAL DE CONSCIENCIOMETRIA INTERASSISTENCIAL
Fundação: 24.02.2006
Sede: Av. Felipe Wandscheer, 6.200, sala 110
Cognópolis, Foz do Iguaçu, PR, Brasil, CEP: 85856-850
Tel.: +55 (45) 2102-1460
Site: www.conscius.org.br
Contato: conscius@conscius.org.br

CONSECUTIVUS – ASSOCIAÇÃO INTERNACIONAL DE PESQUISAS SERIEXOLÓGICAS E HOLOBIOGRÁFICAS
Fundação: 14.12.2014
Sede: Av. Felipe Wandscheer, 6.200, casa 351 - Cognópolis, Foz do Iguaçu, PR, Brasil, CEP: 85856-850
Telefone: +55 (45) 99121-0717
Site: www.consecutivus.org
Contato: consecutivus@consecutivus.org

COSMOETHOS – ASSOCIAÇÃO INTERNACIONAL DE COSMOETICOLOGIA
Fundação: 03.10.2015
Sede: Av. Felipe Wandscheer, 6.200, sala 104
Cognópolis, Foz do Iguaçu, PR, Brasil, CEP: 85856-850
Telefone: +55 (45) 99927-0880
Site: www.cosmoethos.org.br
Contato: contato@cosmoethos.org.br

ECTOLAB – ASSOCIAÇÃO INTERNACIONAL DE PESQUISA LABORATORIAL EM ECTOPLASMIA E PARACIRURGIA
Fundação: 14.07.2013
Sede: Av. Felipe Wandscheer, 6.200, sala 105
Cognópolis, Foz do Iguaçu, PR, Brasil, CEP: 85856-850
Telefone: +55 (45) 2102-1427; +55 (45) 99101-1407
Site: www.ectolab.org
Contato: ectolab@ectolab.org

EDITARES – ASSOCIAÇÃO INTERNACIONAL EDITARES
Fundação: 23.10.2004
Sede: Av. Felipe Wandscheer, 6.200, sala 100D
Cognópolis, Foz do Iguaçu, PR, Brasil, CEP: 85856-850
Tel.: +55 (45) 98843-8668
Site: www.editares.org
Contato: editares@editares.org

ENCYCLOSSAPIENS – ASSOCIAÇÃO INTERNACIONAL DE ENCICLOPEDIOLOGIA CONSCIENCIOLÓGICA
Fundação: 21.12.2013
Sede: Rua da Cosmoética, 1.635
Cognópolis, Foz do Iguaçu, PR, Brasil, CEP: 85856-852
Tel.: +55 (45) 9842-5361
Site: www.encyclossapiens.org
Contato: contato@encyclossapiens.org

EVOLUCIN – ASSOCIAÇÃO INTERNACIONAL DE CONSCIENCIOLOGIA PARA INFÂNCIA
Fundação: 09.07.2006
Sede: Av. Felipe Wandscheer, 6.200, sala 204
Cognópolis, Foz do Iguaçu, PR, Brasil, CEP: 85856-850
Tel.: +55 (45) 99121-4343
Site: www.evolucin.org
Contato: evolucincons@gmail.com

IC TENEPES – ASSOCIAÇÃO INTERNACIONAL DE TENEPESSOLOGIA
Fundação: 11.06.2016
Sede: Av. Felipe Wandscheer, 6.200, sala 205
Cognópolis, Foz do Iguaçu, PR, Brasil, CEP: 85856-850
Tel.: +55 (45) 9131-2855
Site: www.ictenepes.org

IIPC – INSTITUTO INTERNACIONAL DE PROJECIOLOGIA E CONSCIENCIOLOGIA
Fundação: 16.01.1988
Sede: Av. Felipe Wandscheer, 6.200, sala 103 - Cognópolis, Foz do Iguaçu, PR, Brasil, CEP: 85856-850
Tel.: +55 (45) 2102-1448
Site: www.iipc.org.br
Contato: iipc@iipc.org.br
Campus de Pesquisas IIPC: Estrada do Universalismo, 1.177 - Sampaio Correa, Saquarema, RJ, Brasil, CEP: 28997-970
Tel.: +55 (22) 2654-1186
Contato: campus@iipc.org

INTERCAMPI – ASSOCIAÇÃO INTERNACIONAL DOS CAMPI DE PESQUISAS DA CONSCIENCIOLOGIA
Fundação: 23.07.2005
Sede: Av. Antonio Basílio, 3006, sala 901 - Lagoa Nova, Natal, RN, Brasil, CEP: 59056-901
Tel.: +55 (84) 3211-3126; +55 (84) 9168-2066
Site: www.intercampi.org
Contato: intercampi@intercampi.org

INTERPARES – ASSOCIAÇÃO INTERNACIONAL DE APORTES INTERASSISTENCIAIS
Fundação: 15.05.2016
Sede: Rua Cosmoética, 1.635, sala 11
Cognópolis, Foz do Iguaçu, PR, Brasil, CEP: 85856-852
Tel.: +55 (45) 99124-7681
Site: www.interpares.org.br
Contato: interpares@interpares.org.br

JURISCONS – ASSOCIAÇÃO INTERNACIONAL DE PARADIREITOLOGIA
Fundação: 25.04.2015
Sede: Av. Felipe Wandscheer, 6.200, sala 350-A
Cognópolis, Foz do Iguaçu, PR, Brasil, CEP: 85856-850
Site: www.juriscons.org
Contato: juriscons@juriscons.org

LIDERARE – ASSOCIAÇÃO INTERNACIONAL DE LIDEROLOGIA INTERASSISTENCIAL
Fundação: 01.05.2021
Site: www.liderare.org
Contato: contato@liderologia.org

OIC – ORGANIZAÇÃO INTERNACIONAL DE CONSCIENCIOTERAPIA
Fundação: 06.09.2003
Campus: Av. Felipe Wandscheer, 6.945
Cognópolis, Foz do Iguaçu, PR, Brasil, CEP: 85856-850
Tel.: +55 (45) 3025-1404; +55 (45) 9-9992-1664
Site: www.oic.org.br
Contato: aco@oic.org.br

ORTHOCOGNITIVUS – ASSOCIAÇÃO INTERNACIONAL PARA IMPLANTAÇÃO DA COGNÓPOLIS SC
Fundação: 18.05.2018
Av. Marechal Castelo Branco, 65, Sala 1.111, torre B - Edifício Kennedy Towers
Bairro Campinas, São José, SC, Brasil, CEP: 88101-020
Telefone: +55 (48) 99845-9931
Site: www.orthocognitivus.org
Contato: contato@orthocognitivus.org

REAPRENDENTIA – ASSOCIAÇÃO INTERNACIONAL DE PARAPEDAGOGIA E REEDUCAÇÃO CONSCIENCIAL
Fundação: 21.10.2007
Sede: Av. Felipe Wandscheer, 6.560
Cognópolis, Foz do Iguaçu, PR, Brasil, CEP: 85856-850
Centro, Foz do Iguaçu, PR, Brasil
Tel.: +55 (45) 99833-9769
Site: www.reaprendentia.org
Contato: contato@reaprendentia.org

UNICIN – UNIÃO DAS INSTITUIÇÕES CONSCIENCIOCÊNTRICAS INTERNACIONAIS
Fundação: 22.01.2005
Sede: Av. Felipe Wandscheer, 6.200, salas 201 a 203
Cognópolis, Foz do Iguaçu, PR, Brasil, CEP: 85856-850
Tel.: +55 (45) 2102-1405
Site: www.unicin.org
Contato: unicin@unicin.org

UNIESCON – UNIÃO INTERNACIONAL DE ESCRITORES DA CONSCIENCIOLOGIA
Fundação: 23.11.2008
Sede: Rua da Cosmoética, 1.635
Cognópolis, Foz do Iguaçu, PR, Brasil, CEP: 85856-852
Tel.: +55 (45) 2102-1499
Site: www.uniescon.org
Contato: uniescon.ccci@gmail.com

TÍTULOS PUBLICADOS PELA EDITARES

AUTORES	TÍTULOS
Adriana Kauati	SÍNDROME DO IMPOSTOR
Adriana Kauati, Eliana Manfroi e Ninarosa Manfroi (Orgs.)	MANUAL DE LEITURA LÚCIDA
Adriana Lopes	SENSOS EVOLUTIVOS E CONTRASSENSOS REGRESSIVOS
Alessandra Nascimento e Felix Wong (Orgs.)	CONSCIENCIOLOGIA É NOTÍCIA: PROJECIOLOGIA
Alexandre Nonato	JK E OS BASTIDORES DA CONSTRUÇÃO DE BRASÍLIA
Alexandre Nonato *et. al.*	ACOPLAMENTO ENERGÉTICO
	INVERSÃO EXISTENCIAL
Aline Niemeyer	MEGAPENSENES TRIVOCABULARES DA INTERASSISTENCIALIDADE
	PENSATAS SOBRE RECICLAGENS INTRACONSCIENCIAIS
Aline Niemeyer e Lilian Zolet	TÉCNICAS BIOENERGÉTICAS PARA CRIANÇAS
Almir Justi, Amin Lascan e Dayane Rossa	COMPETÊNCIAS PARAPSÍQUICAS
Alzemiro Rufino de Matos	VIDA: OPORTUNIDADE DE APRENDER
Alzira Gezing	INTENÇÃO
Ana Claudia Prado, Elizabeth Rodrigues, Izabel Conceição, Rosemere Vitoriano (Orgs.)	ANTOLOGIA DE EXPERIMENTOS DA TÉCNICA DE MAIS 1 ANO DE VIDA INTRAFÍSICA
Ana Luiza Rezende *et. al.*	MANUAL DO ECP2
Ana Seno	COMUNICAÇÃO EVOLUTIVA
Ana Seno e Eliane Stédile (Orgs.)	*SERENARIUM*
Anália Rosário Lopes, Myriam Sanchez e Rita Sawaya	DICIONÁRIO DE TECAS DA HOLOTECOLOGIA
Antonio Fontenele	DECISÕES EVOLUTIVAS
Antonio Pitaguari e Marina Thomaz	REDAÇÃO E ESTILÍSTICA CONSCIENCIOLÓGICA
Arlindo Alcadipani	ITINERÁRIO EVOLUTIVO DE UM RECICLANTE
Bárbara Ceotto	DIÁRIO DE AUTOCURA
Beatriz Tenius e Tatiana Lopes	AUTOPESQUISA CONSCIENCIOLÓGICA
Caio Polizel (Org.)	DIRETRIZES DA AUTOGESTÃO EXISTENCIAL
Cesar Cordioli	CALEPINO CONSCIENCIOLÓGICO
	CONSCIENCIOLOGIA BREVE INTRODUÇÃO À CIÊNCIA DA CONSCIÊNCIA
Cesar Machado	ANTIVITIMIZAÇÃO
	PROATIVIDADE EVOLUTIVA
Cesar Machado e Stéfani Sabetzki	HUMANIZAÇÃO PARAPSÍQUICA NA UTI
Christovão Peres	VOLICIOTERAPIA: VONTADE APLICADA À CONSCIENCIOTERAPIA
Cirleine Couto	CONTRAPONTOS DO PARAPSIQUISMO
	INTELIGÊNCIA EVOLUTIVA COTIDIANA
Clara Emile Vieira	ESCOLHAS EVOLUTIVAS
Cristiane Gilaberte	COMUNIDADE CONSCIENCIOLÓGICA
Dalva Morem	SEMPRE É TEMPO
Dayane Rossa	MEGATRAFOR: ESTUDO DO MAIOR TALENTO CONSCIENCIAL SOB A ÓTICA DA MULTIEXISTENCIALIDADE OPORTUNIDADE DE VIVER

AUTORES	TÍTULOS
Débora Klippel	O PEQUENO PESQUISADOR: MEMÓRIAS E VIDAS PASSADAS
	O PEQUENO PESQUISADOR: MULTIDIMENSIONALIDADE
Dulce Daou	AUTOCONSCIÊNCIA E MULTIDIMENSIONALIDADE
	VONTADE: CONSCIÊNCIA INTEIRA
Eduardo Martins	HIGIENE CONSCIENCIAL
Eliana Manfroi	ANTIDESPERDÍCIO CONSCIENCIAL
Eliane Wojslaw *et. al.*	GLOSSÁRIO INGLÊS–PORTUGUÊS DE TERMOS ESSENCIAIS DA CONSCIENCIOLOGIA
Ermânia Ribeiro	DIÁRIO DE EXPERIÊNCIAS COGNOPOLITANAS
Ernani Brito, Rosemary Salles e Sandra Tornieri	LIVRO DOS CREDORES GRUPOCÁRMICOS
Eucárdio de Rosso (Org.)	COSMOETICOLOGIA
Everaldo Bergonzini & Lilian Zolet	CONVIVIALIDADE SADIA
Fernando R. Sivelli e Marineide C. Gregório	AUTOEXPERIMENTOGRAFIA PROJECIOLÓGICA
Flavia Rogick	CONSCIÊNCIA CENTRADA NA ASSISTÊNCIA
	MUDAR OU MUDAR
Flávio Amado (Org.)	TEÁTICAS DA TENEPES
Flávio Buononato	ANUÁRIO DA CONSCIENCIOLOGIA 2012 ANUÁRIO DA CONSCIENCIOLOGIA 2013 ANUÁRIO DA CONSCIENCIOLOGIA 2014 FATOS E PARAFATOS DA COGNÓPOLIS FOZ DO IGUAÇU
Flávio Monteiro e Pedro Marcelino	*CONS* – COMPREENDENDO NOSSA EVOLUÇÃO
Gabriel Lara Weigert	AUTOCONFIANÇA PARAPSÍQUICA
Giuliana Costa	AUTOBIOGRAFIA DE UMA PERSONALIDADE CONSECUTIVA
Graça Razera	HIPERATIVIDADE EFICAZ
Guilherme Kunz	MANUAL DO MATERPENSENE
Ione Rosa	ACERTOS GRUPOCÁRMICOS
Isabel Manfroi	O EMPREENDEDORISMO REURBANIZADOR DE HÉRCULES GALLÓ E WALDO VIEIRA
Jacqueline Nahas e Pedro Fernandes (Orgs.)	*HOMO LEXICOGRAPHUS*
Jayme Pereira	BÁRBARAH VAI À ESTRELA
	PRINCÍPIOS DO ESTADO MUNDIAL COSMOÉTICO
Juliana dos Remedios, Marco Almeida e Maximiliano Haymann	DICIONÁRIO TERMINOLÓGICO DE CONSCIENCIOTERAPEU-TICOLOGIA
João Aurélio e Katia Arakaki	COGNÓPOLIS FOZ: UM LUGAR PARA SE VIVER
João Paulo Costa e Dayane Rossa	MANUAL DA CONSCIN-COBAIA
João Ricardo Schneider	HISTÓRIA DO PARAPSIQUISMO
Jovilde Montagna	VIVÊNCIAS PARAPSÍQUICAS DE UMA PEDIATRA
Julieta Mendonça	MANUAL DO TEXTO DISSERTATIVO
Julio Almeida	QUALIFICAÇÃO ASSISTENCIAL
	QUALIFICAÇÃO AUTORAL
	QUALIFICAÇÕES DA CONSCIÊNCIA
Juvenal da Silva	ALEIA DOS GÊNIOS DA HUMANIDADE
Kátia Arakaki	ANTIBAGULHISMO ENERGÉTICO
	OTIMIZAÇÕES PRÉ-TENEPES
	VIAGENS INTERNACIONAIS
Kátia Arakaki (Org.)	AUTOFIEX: TÉCNICA DO OFIEXISTA WALDO VIEIRA
Lane Galdino	MANUAL DE ASSESSORIA JURÍDICA EM INSTITUIÇÕES CONSCIENCIOCÊNTRICAS (ICs)
Lane Galdino(Org.)	MANUAL DE PUBLICAÇÕES DA EDITARES
Laura Sánchez	LASTANOSA: MEMÓRIA E HISTÓRIA DO INTELECTUAL E HO-LOTECÁRIO DO SÉCULO XVII

AUTORES	TÍTULOS
Lilian Zolet	PARAPSIQUISMO NA INFÂNCIA
Lilian Zolet e Flavio Buononato	MANUAL DO *ACOPLAMENTARIUM*
Lilian Zolet e Guilherme Kunz	*ACOPLAMENTARIUM:* PRIMEIRA DÉCADA
Lourdes Pinheiro e Felipe Araújo	DICIONÁRIO DE VERBOS CONJUGADOS
Luciana Lavôr (Org.)	I NOITE DE GALA MNEMÔNICA - HISTÓRIA ILUSTRADA
Luciano Vicenzi	CORAGEM PARA EVOLUIR
Lucy Lufti	VOLTEI PARA CONTAR
Luiz Bonassi	PARADOXOS
Mabel Teles	PROFILAXIA DAS MANIPULAÇÕES CONSCIENCIAIS
	ZÉFIRO – A PARAIDENTIDADE INTERMISSIVA DE WALDO VIEIRA
Málu Balona	AUTOCURA ATRAVÉS DA RECONCILIAÇÃO
	SÍNDROME DO ESTRANGEIRO
Marcelo da Luz	ONDE A RELIGIÃO TERMINA?
Maria Helena Lagrota	MINHAS QUATRO ESTAÇÕES
Maria Tereza Bolzan	ENERGIAS: VOCÊ PERCEBE, UTILIZA E DOA DE MODO EFICAZ?
Maria Thereza Lacerda	A PEDRA DO CAMINHO
Marilza de Andrade	PROJEÇÕES ASSISTENCIAIS
Marina Thomaz e Antonio Pitaguari (Orgs.)	TENEPES: ASSISTÊNCIA INTERDIMENSIONAL LÚCIDA
Marlene Koller	DA CONSCIÊNCIA REBELDE À HOLOCONVIVIALIDADE PACÍFICA
Marta Ramiro	MANUAL DA TÉCNICA DA RECEXIS
Maximiliano Haymann	PRESCRIÇÕES PARA O AUTODESASSÉDIO
	SÍNDROME DO OSTRACISMO
Miriam Kunz	ANTROPOZOOCONVIVIOLOGIA
Moacir Gonçalves e Rosemary Salles	DINÂMICAS PARAPSÍQUICAS
Neida Cardozo	SÍNDROME DA DISPERSÃO CONSCIENCIAL
Osmar Ramos Filho	CRISTO ESPERA POR TI (Edição Comentada)
Oswaldo Vernet	DESCRENCIOGRAMA
Paulo Mello	EVOLUTIVIDADE PLANEJADA
Pedro Fernandes	SERIEXOLOGIA: EVOLUÇÃO MULTIEXISTENCIAL LÚCIDA
Phelipe Mansur	EMPREENDEDORISMO EVOLUTIVO
Raquel Medeiros	EU SEI CRIAR... ESTRELAS: APRENDENDO O ESTADO VIBRACIONAL
Reinalda Fritzen	CAMINHOS DA AUTOSSUPERAÇÃO
Ricardo Rezende	LUCIDEZ CONSCIENCIAL
	VOLUNTARIADO CONSCIENCIOLÓGICO INTERASSISTENCIAL
Roberto Leimig	VIDAS DE NATURALISTA
Rodrigo Medeiros	CLARIVIDÊNCIA
Rosa Nader	AUTODESREPRESSÃO: REFLEXÕES CONSCIENCIOLÓGICAS
Rosa Nader (Org.)	MANUAL DE VERBETOGRAFIA
Roseli Oliveira	DICIONÁRIO DE EUFEMISMOS DA LÍNGUA PORTUGUESA
Rosemary Salles	CONSCIÊNCIA EM REVOLUÇÃO
Sandra Tornieri	MAPEAMENTO DA SINALÉTICA ENERGÉTICA PARAPSÍQUICA
Selma Prata	O CÉREBRO ENVELHECE E O PARACÉREBRO ENRIQUECE
Silda Dries	TEORIA E PRÁTICA DA EXPERIÊNCIA FORA DO CORPO
Silvia Facury	VIVA A VIDA: SUPERE SEUS MEDOS E ENTENDA A CONTINUIDADE EVOLUTIVA
Tathiana Mota	CURSO INTERMISSIVO
Tatiana Lopes	DESENVOLVIMENTO DA PROJETABILIDADE LÚCIDA
Tony Muskopf	AUTENTICIDADE CONSCIENCIAL
Ulisses Schlosser	DICIONÁRIO NEOLÓGICO DE PARAFENOMENOLOGIA
Vera Hoffmann	SEM MEDO DA MORTE
Vera Tanuri	PERDÃO: OPÇÃO COSMOÉTICA DE SEGUIR EM FRENTE

AUTORES	TÍTULOS
Victor Strate Bolfe	ESTADO VIBRACIONAL: VIVÊNCIA E AUTOQUALIFICAÇÃO
Wagner Alegretti	RETROCOGNIÇÕES: PESQUISA DA MEMÓRIA DE VIVÊNCIAS PASSADAS
Wagner Strachicini	CONSCIÊNCIA ANTIDOGMÁTICA
Waldo Vieira	100 TESTES DA CONSCIENCIOMETRIA
	200 TEÁTICAS DA CONSCIENCIOLOGIA
	500 VERBETÓGRAFOS DA ENCICLOPÉDIA DA CONSCIENCIOLOGIA
	700 EXPERIMENTOS DA CONSCIENCIOLOGIA
	A NATUREZA ENSINA
	CONSCIENCIOGRAMA
	DICIONÁRIO DE ARGUMENTOS DA CONSCIENCIOLOGIA
	DICIONÁRIO DE NEOLOGISMOS DA CONSCIENCIOLOGIA
	HOMO SAPIENS PACIFICUS
	HOMO SAPIENS REURBANISATUS
	LEXICO DE ORTOPENSATAS
	MANUAL DA DUPLA EVOLUTIVA
	MANUAL DA PROÉXIS
	MANUAL DA TENEPES
	MANUAL DE REDAÇÃO DA CONSCIENCIOLOGIA
	MANUAL DOS MEGAPENSENES TRIVOCABULARES
	MÁXIMAS DA CONSCIENCIOLOGIA
	MINIDEFINIÇÕES DA CONSCIENCIOLOGIA
	NOSSA EVOLUÇÃO
	O QUE É A CONSCIENCIOLOGIA
	PROJECIOLOGIA
	PROJEÇÕES DA CONSCIÊNCIA
	TEMAS DA CONSCIENCIOLOGIA
Waldo Vieira *et. al.*	ENCICLOPÉDIA DA CONSCIENCIOLOGIA

AUTORES	TÍTULOS (EM INGLÊS)
Alessandra Nascimento / Felix Wong (Orgs.)	*CONSCIENTIOLOGY IS NEWS: PROJECTIOLOGY*
Cesar Machado	*ANTIVICTIMIZATION*
Débora Klippel	*THE LITTLE RESEARCHER*
Eduardo Martins	*CONSCIENTIAL HYGIENE*
Eliana Manfroi	*CONSCIENTIAL ANTIWASTAGE*
Eliane Wojslaw *et. al.*	*THE ENGLISH-PORTUGUESE GLOSSARY OF ESSENTIAL CONSCIENTIOLOGY TERMS*
Flávio Monteiro / Pedro Marcelino	*CONS: UNDERSTANDING OUR EVOLUTION*
Giuliana Costa	*AUTOBIOGRAPHY OF A CONSECUTIVE PERSONALITY: THROUGH THE LENS OF THE CONSCIENTIAL PARADIGM*
Jaime Pereira	*BARBARAH VISITS A STARS*
Lilian Zolet	*PARAPSYCHISM IN CHILDHOOD QUESTIONS AND ANSWERS*
Mabel Teles	*ZEPHYRUS - THE INTERMISSIVE PARAIDENTITY OF WALDO VIEIRA*
Marcelo da Luz	*WHERE DOES RELIGION END?*
Tathiana Mota	*INTERMISSIVE COURSE*
Waldo Vieira	*700 CONSCIENTIOLOGY EXPERIMENTS*
	CONSCIENTIOGRAM
	OUR EVOLUTION
	PENTA MANUAL
	PROEXIS MANUAL
	PROJECTIOLOGY – A PANORAMA OF EXPERIENCES OF THE CONSCIOUSNESS OUTSIDE THE HUMAN BODY
	PROJECTIONS OF THE CONSCIOUSNESS

AUTORES	TÍTULOS (EM ESPANHOL)
Alessandra Nascimento / Felix Wong (Orgs.)	*CONCIENCIOLOGÍA ES NOTICIA: UNA DÉCADA DE ENTREVISTAS EN LA RADIO TUPI, TEMA – PROYECCIOLOGÍA*
Ana Seno e Maria Cristina Nievas (Orgs).	*GLOSARIO ESPANÕL-PORTUGUÉS DE TÉRMINOS ESENCIALES DE LA CONSCIENCIOLOGÍA*
Cesar Cordioli	*CONCIENCIOLOGÍA: BREVE INTRODUCCIÓN A LA CIENCIA DE LA CONCIENCIA*
Gloria Thiago	*VIVIENDO EN MULTIPLES DIMENSIONES*
Luciano Vicenzi	*CORAJE PARA EVOLUCIONAR*
Málu Balona	*SÍNDROME DEL EXTRANJERO*
Maximiliano Haymann	*SÍNDROME DEL OSTRACISMO*
Miguel Cirera	*EVOLUCIÓN DE LA INTELIGENCIA PARAPSÍQUICA*
Rosemary Salles	*CONCIENCIA EN REVOLUCIÓN*
Waldo Vieira	*CONSCIENCIOGRAMA*
	NUESTRA EVOLUCIÓN
	MANUAL DE LA TENEPER
	MANUAL DE LA PROEXIS
	MANUAL DE LA PAREJA EVOLUTIVA
	PROYECCIONES DE LA CONCIENCIA

AUTORES	TÍTULOS (EM ALEMÃO)
Jayme Pereira	*BARBARAH FLIEGT ZUM STERN*

AUTORES	TÍTULOS (EM ROMENO)
Waldo Vieira	*MANUAL DE PENTA*
	MANUAL DE PROEXIS

Editores	PERIÓDICOS
Alexandre Zaslavsky (Editor)	INTERPARADIGMAS 1 – Princípio da Descrença INTERPARADIGMAS 2 – Parapercepciologia INTERPARADIGMAS 3 – Pesquisa da Autoconsciência INTERPARADIGMAS 4 – Diálogos Interparadigmáticos INTERPARADIGMAS 5 – Precursores Interparadigmáticos INTERPARADIGMAS 6 – O Paradigma Consciencial e Outros Paradigmas de Pesquisa da Consciência INTERPARADIGMAS 7 – Transição Autoparadigmática
Ana Seno	*REVISTA SCRIPTOR 10*
Denise Paro e Nara Oliveira	*REVISTA HOLOTECOLOGIA N. 3*
	REVISTA HOLOTECOLOGIA N. 4
Fernanda Schroeder e Nilse Oliveira	*CONSCIENTIA VOL. 25, N. 1*
	CONSCIENTIA VOL. 25, N. 2
	CONSCIENTIA VOL. 25, N. 3
Jacqueline Nahas	*VOL. 25 – SUPPLÉMENT 1 – SEPTEMBRE – 2021*
Kátia Arakaki e Tony Musskopf	*INTERCÂMBIO N. 2*
Sissi Prado Lopes	*CONSCIENTIOTHERAPIA*

LEVANTAMENTO ESTATÍSTICO DA OBRA

PONTOAÇÕES	ITENS
319.111	Caracteres
46.927	Palavras
7.121	Linhas
3.390	Parágrafos
236	Páginas
100	Capítulos
27	*E-mails*
103	Enumerações
1	Foto
1	Ilustração
1	Microbiografia
123	Questionamentos
13	Siglas
2	Tabelas
27	*Websites*
14	Referências Bibliográficas
211	Entradas no Índice Remissivo
25	Instituições Conscienciocêntricas

BIBLIOGRAFIA ESPECÍFICA EXAUSTIVA (BEE)

Vieira, Waldo; ***100 Testes da Conscienciometria;*** revisores Alexander Steiner e Ana Claudia Prado; 236 p.; 100 caps.; 27 *E-mails;* 103 enus.; 1 foto; 1 ilus.; 1 microbiografia; 123 questionamentos; 13 siglas; 2 tabs.; 27 *websites;* 14 refs.; alf.; 21 x 14 cm; br.; 2ª Ed.; *Associação Internacional Editares;* Foz do Iguaçu, PR; 2022.

1. ***Área de Pesquisa:***

Esta obra aborda temas da **Conscienciometrologia,** especialidade da Conscienciologia.

2. ***Princípio da Descrença:***

Não acredite em nada, nem mesmo nas informações expostas neste livro.
Experimente.
Tenha as próprias experiências.

2ª Edição [2023]

Esta obra foi composta no formato 15,2 x 22,8 cm. A fonte usada no miolo é Adobe Garamond Pro 12. O papel do miolo é pólen soft nacional 70 g/m2 e o da capa é supremo alvura nacional LD 300 g/m2.

Impressa pela Meta Brasil para a editora Editares em março de 2023.

www.ingramcontent.com/pod-product-compliance
Ingram Content Group UK Ltd.
Pitfield, Milton Keynes, MK11 3LW, UK
UKHW041644190726
13854UKWH00006B/2694